DITS ET INTER-DITS

JOAQUIN RUIZ

DITS ET INTER - DITS

Ils s'appellent Sophie, Patrick, Suzy, Luis, Sonia ou Aurélien...

Ils viennent rencontrer ce psy pour la première fois.

Ils attendent beaucoup de lui.

Ils se méfient beaucoup de lui.

Ils ont peur de ne pas tomber sur la bonne personne.

Il y a ce qu'ils veulent (peuvent) bien lui raconter à voix haute de leur histoire, de leurs angoisses, de leur souffrance, de leur désir, de leurs questionnements, de leurs raisons d'être ici. ***Le dit.***

Et puis il y a ce que ce psy croit entendre de l'autre discours, celui qu'ils n'osent pas prononcer à haute voix, impossible à exprimer d'emblée, parce qu'<u>interdit</u>, et qu'ils ne s'autorisent à dire qu'<u>intérieurement</u> : celui de leur véritable vie psychique et de leurs attentes pas toujours conscientes. ***L'inter-dit.***

Nous suivons ici l'alternance de ces deux discours, qui ont chacun leur part de vérité.

Heureusement, le psy a deux oreilles : c'est obligé.

De l'articulation de ces deux discours naît parfois quelque chose d'unique qui peut permettre d'amorcer un changement et d'insuffler la vie.

Joaquin RUIZ, après avoir été professeur agrégé de philosophie au Lycée du Mirail, a exercé le métier de psychiatre et de psychothérapeute à Toulouse.

AU LECTEUR

Tout psychiatre qui rencontre, écoute, regarde un patient, se pose la question, soit systématiquement, soit par moments, ou par fulgurances, au détour d'un regard, d'un mot, d'un silence ou d'une phrase interrompue : « que doit-il se dire en ce moment ? »

La difficulté pour le psychiatre est de s'imaginer quel est le discours interne du patient et de le reconstruire correctement : non seulement toutes les bizarreries qui peuvent passer dans sa tête, mais surtout la logique, la cohérence de ce discours, et ce malgré ses éventuelles incohérences apparentes.

C'est cette parole authentique de l'autre, embusquée derrière la parole officielle prononcée à haute voix dans le Cabinet en situation sociale, que j'ai cherché ici à reconstituer, autrement dit à imaginer.

Il est essentiel qu'un psychiatre essaie d'imaginer la vie psychique de ses patients, et de toute façon il ne peut s'empêcher de le faire, bien ou mal : soit en projetant involontairement ses propres fantasmes, soit en essayant de se mettre hors jeu et de coller au plus près des sinuosités du trajet intérieur de l'autre.

Cette aventure discursive, que j'ai essayé pendant des années de reconstituer dans ma tête au jour le jour, en me remémorant les séances avec mes patients, je tente aujourd'hui, après coup, de la transcrire et de la communiquer, avec tous les risques que cette écriture comporte : imaginer, fantasmer, passer à côté, caricaturer, méconnaître, régler ses comptes, prendre une revanche, s'identifier…

En tout cas, je prends ce risque : parler à sa place, et surtout à la place de sa parole interne non dite.

Je crois aussi que je me dois de restituer aux patients cette parole interne que j'ai cru entendre et que je ne pouvais pas garder pour moi parce qu'elle me semble en fin de compte primordiale et décisive : ils s'y reconnaîtront peut-être partiellement malgré les précautions que j'ai prises pour brouiller les pistes et préserver leur anonymat.

Chacun des portraits tracés ici est bien sûr celui d'un patient typique mais fictif, même si de nombreux traits qui le constituent sont empruntés à des patients réels.

Quant au lecteur qui n'a jamais mis les pieds chez un psychiatre, il reconnaîtra peut-être ici des types de personnages qu'il côtoie au quotidien ou des phrases qui lui rappelleront quelque chose.

Les sentiments et les émotions que j'ai éprouvés en écrivant ces textes relèvent avant tout de la bienveillance amusée et de l'affection nostalgique.

Convention typographique :

Les dialogues prononcés à haute voix dans le Cabinet sont en italiques.

Les discours internes sont en caractères normaux.

HOMMES ET FEMMES

SOPHIE : A MARDI PROCHAIN

J'ai tourné deux heures autour du pâté de maisons : l'immeuble, haussmannien, comme ils disent, en jette un max : je parie qu'il va me faire payer un dépassement d'honoraires, 50, 75 ou peut-être même 100 euros comme à Paris. La copine m'avait averti : « tu verras, il est dans un immeuble bourge mais il est assez simple et direct, limite sympa ».

J'ai mis trois plombes à m'habiller : pantalon ou non, large ou moulant... jupe courte ou longue... robe moulante, noire ou couleurs, sobre ou fofolle... Je mets des bijoux ou pas, des vrais ou du toc... Rouge à lèvres, noir ou autre, ou rien, nature... J'ai tout changé au dernier moment bien sûr, et maintenant je suis nulle à chier : les couleurs ne vont pas ensemble, mon rouge à lèvres a débordé, mon jean (j'ai fini bien sûr par mettre mon vieux jean troué au genou) est tout froissé. Mais ce qui m'inquiète surtout c'est ma voix : j'ai fumé trente clopes depuis hier soir (toute la nuit à essayer d'écrire tout ce que je devais lui dire d'emblée, dès la première séance, pour qu'il comprenne direct à qui il avait affaire) et bien sûr ma voix est complètement cassée, naze, limite aphone, mourante. Je ne veux pas qu'il s'apitoie et me balance un regard compatissant style « ma pauvre petite ».

Bon, il est moins le quart, j'y vais, je monte par l'escalier : putain ! un tapis rouge ! il s'emmerde pas. Une secrétaire (je sens que je vais l'aimer celle-là : déjà j'aime pas sa voix) : oui j'ai rendez-vous, oui j'ai une carte vitale et un chéquier et tout, je suis pas SDF, oui j'ai vu que la salle d'attente était au fond et je vais sagement m'y asseoir, et oui il va venir me chercher.

Putain c'est blindé, bonjour la discrétion : ouf, je ne connais personne (coup de bol aujourd'hui, mais si un jour je tombe sur Sonia ou Alain, je fais comment ? je pars en courant ?)

C'est quoi ces revues de merde ? Paris Match ? je rêve, Challenges ? j'hallucine, Gala, Voici, Elle, Marie-Claire, Avantages !!! j'en peux plus, un vieux Nouvel Obs ... du temps de Mitterrand !... ouf, le programme d' Utopia, sauvée, je peux l'attraper sans avoir l'air trop conne.

Je vais quand même mater en douce les clients... Que des vieux, ma parole... il est pas géronto-

13

psychiatre ou géronto-phile par hasard ? manquerait plus que ça ! Ah si, un jeune, purée il a l'air grave : ça serait pas un schizo ou un truc comme ça ? Il s'assied pas : en fait il s'entortille en vrille sur son siège, et vas-y que je me tournicote une mèche de cheveux ; en plus tu crois qu'il baisserait le son de sa machine infernale ? toute la salle en profite et en plus c'est du rap français : ça va m'achever, le psy il va devoir me réanimer d'entrée.

Tiens un gros qui se pointe... et bien sûr ça peut pas rater, il vient s'effondrer sur le siège à ma droite ; oh purée qu'est-ce qu'il pue : c'est pas que les pieds ça, y a une autre odeur encore pire : ça y est, c'est le slip, ça me rappelle mon ex les derniers temps quand il s'est mis à se négliger juste pour m' emmerder. Mais je rêve : il me mate en douce le gros porc ! Je crois que je vais pas pouvoir rester ; tant pis je monterai une excuse bidon et je reviendrai un autre jour de la semaine pour éviter le gros, à moins que... Oh mon dieu, il arrive, c'est Lui, il me regarde direct : comment il a su que c'était moi ? il s'incline un peu, me tend la main et me la serre, un peu trop fort non ? d'autant qu'il a dû serrer 30 000 louches aujourd'hui, bonjour la contamination. « *Veuillez me suivre* » sussure-t-il ; qu'est-ce que je peux faire d'autre ? vu que je suis venue pour être suivie, ça commence plutôt à l'envers, enfin bref, je le suis : au moins il matera pas mes fesses tout le long du couloir. La secrétaire au passage me jette un coup d'oeil diagnostiqueur, s'il faut elle lui refile des compléments d'information sur mes comportements avant les séances qu'elle lui transmet direct sur son ordi... en fait c'est sûr. Il va falloir que je me méfie la prochaine fois... si je reviens.

J'entre la première dans Le Cabinet : 3 fauteuils et un divan ! je me mets où ? il a dû tout calculer : les angles, la lumière, la distance... oh putain la hauteur, c'est des fauteuils pour nains importés d' Indonésie, j' y crois pas : je suis à ras de terre ; il m'a fait le coup classique de la différence de hauteur... Tu vas voir : je vais juste poser le bout de mes fesses sur le bord : ça va me rehausser... mais du coup je vais lui offrir mes nichons en vue plongeante... s'il faut il l'a fait exprès. Putain, il calcule tout... mais après tout c'est normal pour un psy : ça me rassure dans le fond. Peut-être qu'il aime les femmes après tout : j'aurais pas supporté un psy gay c'est sûr, mais faut pas exagérer non plus ; je suis pas venue pour refaire le coup du transfert. J'ai des tas d'autres emmerdes qui m'attendent dehors : je vais pas m'en rajouter une de plus ici.

« *Maintenant je vous écoute...* » Ça y est, celle-là je l'attendais. Bon, de toute façon j'ai tout préparé : je me lance. Voilà.

« *Je suis venue parce que j'ai décidé que ça devait changer dans ma vie.* » Voilà, ça au moins c'est clair et bien envoyé : la fille déterminée, qui en a marre des galères et qui est venue voir un pro pour changer de chapitre. Genre : je sais ce qui ne va pas, je sais que ça tient à moi, mais toute seule je n'y arrive pas... vous seul pouvez m'aider... ça vous semble possible ?

Il moufte pas, même pas un hochement de tête ou un léger sourire d'encouragement. Il se la joue lacanien ou quoi ? Ah non, il bouge : il a reniflé très discrètement... il se contorsionne sur son fauteuil... et il extrait de la poche de son pantalon... un mouchoir en tissu à carreaux bleu et blanc, comme ceux de mon grand père maçon italien... c'est pas vrai, il se mouche tranquillement et bruyamment tout en hochant très légèrement la tête : j'y crois pas, je suis tombée sur un écolo qui refuse le papier jetable pour ne pas déforester la planète, c'est bien moi ça. J'ai pas intérêt à me mettre à pleurer et à sortir mon kleenex sinon il me vire illico proprement et poliment. Putain ces écolos, ils sont partout !

Bon, je fais celle qui n'a rien vu rien entendu : tout est normal, même le mouchoir à carreaux. Je prends sur moi : il pourra pas dire que j'ai pas fait de sacrifices pour ma psychothérapie. Maintenant, il faut vraiment que je l'intéresse, sinon il s'endort aussi sec : c'est sur l'heure de la digestion faut dire...

« Voilà : j'arrive à un moment de ma vie où je me pose des questions et où je me dis que ça ne peut plus durer comme ça. J'ai un boulot assez lucratif qui ne me passionne pas vraiment mais me convient. Je plais aux hommes : j'en rencontre souvent, dans la rue, dans les bars, dans les boîtes ; je ne les cherche jamais sur Internet ; je m'interdis ceux qui me draguent au travail (no sex in business, no zob in job) ; j'ai essayé parfois avec des copines et même avec de vraies amies, mais c'est pas non plus extraordinaire. Je reste toujours insatisfaite. En fait je n'arrive pas à avoir une relation durable : je crois que chaque fois que ça semble s'annoncer, je m'arrange pour que ça capote (pardon). Je me demande si ça tient à moi ou si je tombe toujours sur des nazes.»

En fait c'est pas vrai, je ne sais pas du tout ce que je veux : un mec qui soit là tous les soirs, histoire de pouvoir dire à tout le monde que j'ai un mec, potentiellement là tous les soirs, qu'on puisse limite m'attribuer, mettre son nom sur la boîte aux lettres, pourquoi pas : c'est le mec de Sophie, définitivement, voilà, il est défini comme tel, c'est comme ça, ça peut pas changer, c'est officiellement défini comme... Après quoi je suis tranquille : je peux m'occuper d'autre chose, je suis casée comme ils disent : Sophie a un mec, il s'appelle Pascal, et puis c'est tout. Bon, on s'occupe de quoi maintenant : c'est quoi le problème ?

En fait c'est pas ça le problème : si j'en avais un (mec) ça pèterait au bout de trois jours, je le sais : insupportable. Si j'étais honnête je lui dirais : je ne suis pas en manque d'un mec, en fait je ne supporte pas d'être la femme d'un mec. En fait je crois qu'être la X de Y ne me convient pas du tout : je cherche juste à être X et c'est déjà très compliqué. En fait je viens voir un psy juste pour ça : qu'un homme me dise «vous n'avez pas à être la X de Y». Mais lui, là, est-ce qu'il va être capable de me dire ça, et au bout de combien d'années de galère ? En plus, ce qui est con c'est que je ne peux pas lui dire d'entrée ce que je voudrais qu'il me dise : d'accord ? Sinon c'est mort. C'est pas à moi de lui dire ce qu'il doit me dire, en plus : sinon pourquoi je le paie ?

Je le regarde droit dans les yeux et lui balance :

« *Vous pensez que vous allez pouvoir m'aider ?*

— *Ce que je pense moi est sans grande importance. L'essentiel c'est que VOUS pensiez pouvoir changer à partir de ce travail que vous mettez en route ici.*» Et toc, premier tacle : c'est à moi de tout faire ici, penser, parler, changer... et lui dans tout ça il est « sans grande importance ».

« *Je dois commencer par vous parler de mon enfance ?*

— *Ce n'est pas une obligation : laissez-vous simplement aller à parler, sans restriction ni censure, même si ce qui surgit vous semble banal, insignifiant, inapproprié, inconvenant ou sans intérêt ; ce n'est qu'en laissant se dévider cette parole que quelque chose d'inouï pourra se faufiler et apparaître en plein jour. Ce que nous cherchons ici nous ne le savons ni vous, ni moi : mais quand il apparaîtra nous le reconnaîtrons immédiatement : ce n'était donc que ça dirons-nous !*

D'ici la prochaine séance vous pouvez acheter un gros cahier et y noter tout ce qui vous vient (souvenirs, rêves, questions, réflexions, événements...) ; tout ceci constituera le matériau que nous aurons à travailler ensemble : ce sera votre cahier de psychothérapie.

Et maintenant au travail, et à mardi prochain même heure. »

Je dévale les escaliers et me retrouve dans la rue presque sonnée. J'en reviens pas, ça y est : j'ai fini ma première séance ! je commence une thérapie ! je suis en thérapie ! je suis suivie ! j'ai un psy ! il m'a accepté en thérapie ! Trop contente ! En plus il fait soleil, les terrasses sont blindées, je me sens toute guillerette. Dommage que je n'aie pas mis ma petite robe transparente. Je vais m'installer au Flo et me jeter une bière ou deux et peut-être même une super glace avec une tonne de Chantilly. Comment qu'ils me regardent les mecs ! on dirait qu'ils le sentent, que quelque chose de capital vient de m'arriver et que je suis mé-ta-mor-pho-sée. Je vais faire un malheur !

Bon, maintenant il faut que je me calme : je dois préparer ma séance de mardi prochain. Je l'achète de quelle couleur le cahier ?

AZOR ET SON MAITRE MICHEL

C'est la première fois qu'un psy accepte que j'assiste à la séance avec mon «maître» Michel : très poli, le psy, il lui a demandé mon nom puis IL M'A PARLÉ, m'a autorisé à m'allonger sur le tapis entre les deux fauteuils, ma parole il croit que c'est moi le patient, ou alors il est psy pour chiens aussi : ça se fait déjà aux USA il paraît ; d'ici que mon maître ait repéré chez moi des troubles du comportement, une perte de poils, des signes dépressifs, ou même une névrose canine, va savoir. En tout cas je vous le dis : c'est à lui de consulter, il va pas bien du tout, il est obsédé par le sexe et les filles, ça s'aggrave de jour en jour : il en est à pouvoir sauter sur la première chienne un peu sexy qui passe ... ou même un chien, qui sait, mais ça c'est hors de question : je ne céderai pas, c'est pas prévu dans mon contrat signé par Alex le maître-chien de l'association !

Bon il commence à lui ressortir son discours habituel ; je vais pouvoir m'assoupir :

« Je vais très bien, Docteur, je suis très équilibré dans ma tête, j'ai déjà fait un travail sur mon handicap, mais le problème ce sont les autres, les

filles surtout : les voyantes s'apitoyent sur moi ou s'imaginent que j'ai forcément une sexualité perverse, ou que je peux accepter n'importe quel boudin sous prétexte que je ne la vois pas : mais si, en la caressant je la vois parfaitement, toutes ses courbes, ses bourrelets, ses poils, ses rides, ses chairs flasques, tout, je vois tout avec mes doigts ! Même quand elles parlent ou rient, je vois tout !

Quant aux non-voyantes elles cherchent toujours un papa, un guide pour aveugle qui les protègerait dans la vie. Je suis pas un chien quand même...pardon Azor ! c'était une simple expression. »

Tu parles, une simple expression : je sais bien ce que je suis pour lui : un sous-être qui n'entend rien, ne voit rien. Tu verrais comment il parle de moi devant les gens : comme si j'étais un meuble qui ne capte rien.

Enfin on connaît : ça fait partie de notre formation : gérer le mépris et la méconnaissance totale dont nous sommes victimes nous les chiens d'aveugle. On a fait un module de psychologie humaine avec tous les cas de figure relationnels entre un chien et le maître dont il doit s'occuper : attention, si tu foires ce module, tu n'as pas ton diplôme ! Et puis pour ton premier boulot tu as intérêt à bien le cerner ton maître : quel type de personnalité ? le mien est plutôt paranoïaque (ce sont toujours les autres qui sont coupables, lui toujours victime) avec de nombreux traits obsessionnels (maniaque comme on dit, sur l'ordre, la propreté, le classement, les rituels, tout).

Comment répondre à ses réactions très prévisibles. Les cacas nerveux, les éructations autoritaires : « *ça suffit Azor ! au pied maintenant !* » les menaces : « *putain ce chien je le renvoie aussi sec à l'association !* ».

On a appris à gérer tout ça.

Moi j'ai appris en tout cas. J'espère que ce nouveau psy saura lui aussi s'y prendre et qu'il va m'aider à le gérer, parce que là c'est limite !

ETIENNE ET LES FEMMES

« *Docteur voici la lettre de ma conseillère en probation. Elle m'a dit que j'étais obligé de venir vous voir pendant un certain temps, faute de quoi j'allais retourner en prison. Je vous rassure tout de suite, je ne suis ni un voleur, ni un bandit, ni un meurtrier : j'ai juste cassé la gueule à ma femme. Mais de nos jours, avec ces nouvelles lois, vous savez ce que c'est : on ne peut plus leur toucher un cheveu sans que tous les juges, les procureurs et les avocats vous tombent dessus, sans compter les associations féministes. Moi j'ai pas eu de chance : le procureur était une femme, le juge aussi et l'avocat de ma femme aussi ! Alors je vous prie de croire que j'ai pris un max. Trois mois ferme, plus le bracelet, plus le suivi et l'obligation de soins pour qu'ils soient sûrs que je ne vais pas récidiver, plus l'interdiction de m'approcher d'elle à moins de trois kilomètres. Heureusement on n'avait pas de gosse, sinon elles m'interdisaient aussi sec de le revoir.*

Docteur, je vous le dis franchement, je suis pas un violent, sauf si vraiment on vient me chercher ou qu'on me manque de respect ... ou quand j'ai un peu trop bu aussi.

Mais cette fois-là c'était trop, j'ai pété les plombs. Figurez-vous que j'ai appris qu'elle participait régulièrement à des partouzes organisées par son propre père, qui invitait tous ses potes ! Vous vous rendez compte de la perversité du truc : son propre père qui organise et qui la prostitue ! Impossible de me contrôler ! Qu'est-ce que vous auriez fait à ma place ?

— J'avoue que je ne sais pas. Par contre j'ai une question à vous poser : pourquoi n'avez-vous pas cassé la gueule à son père, plutôt ? »

Oh purée ! voilà qu'il s'y met lui aussi : qu'est-ce qu'ils ont tous à me dire que j'ai quelque chose contre les femmes ! Putain, c'est pas moi, c'est elles qui me cherchent. Quand on est un vrai mec aujourd'hui on est tout de suite surveillé et suspecté. On peut pas passer des soirées avec ses potes, boire des bières, aller voir des matchs, jouer au poker, sans que les nanas viennent te chercher des poux sur la tête.

Elles viennent tortiller du cul devant toi parce que toi tu es un mec, un vrai, et puis après elles poussent de grands cris dès que tu bouges une oreille !

Les psychiatres sont avec elles, j'en suis sûr : heureusement que j'ai raconté à celui-ci mon bobard bien rodé (elle participait à des partouzes organisées par son père) ; il faut surtout pas que je lui dise que ce soir-là j'étais bourré et que de toute façon je la tabassais régulièrement sans raison particulière, juste parce qu'elle me prenait la tête quand je rentrais tard.

« Ah, surtout Docteur, vous n'oublierez pas de me signer mon papier à chaque fois pour prouver à la conseillère que je suis bien venu vous voir. Elle y tient à ça ; elle arrête pas de me dire que « je dois me persuader que je suis malade» et que «j'ai besoin de soins ». C'est bizarre ce truc de l'injonction de soins d'ailleurs... Pourquoi vous rigolez ? J'ai dit un truc qu'il fallait pas ?

— Non, je trouve ça bizarre moi aussi : une invention de juriste moderne. Ça me rappelle le premier «patient» qui m'avait été envoyé par un juge pour une obligation de soins. Je m'en souviens très bien : c'était au CMS de L'Isle-en-Dodon. C'était un

«anarchiste» local, furieux parce qu'on lui avait amputé son RMI depuis qu'il vivait en couple. Il m'avait dit d'entrée : «L'Etat bourgeois-policier-facho-psychiatrique m'oblige à venir vous voir, mais il ne peut pas m'obliger à vous parler. Alors je viendrai aux rendez-vous mais je ne vous dirai plus rien.»

— Et alors ? Qu'est-ce que vous lui avez répondu ?

— Merci d'épargner mes oreilles ! Elles en entendent déjà tellement tous les jours ! »

OTHELLO DE CASTELNAU

« Je vous ai demandé un rendez-vous en urgence parce que je sens que je vais péter un câble, Docteur, et je me connais, quand je suis dans cet état je suis capable de tout : je suis chasseur et j'ai des armes chez moi...

Je ne dors pas depuis un mois, je pense toute la nuit, j'ai des pensées qui m'attaquent et me prennent la tête, et dès que je suis couché dans le noir là c'est terrible, on dirait que ça prend feu dans mon cerveau et je ne contrôle plus rien.

J'ai découvert il y a un mois que ma femme avait un amant. En plus tout le village était au courant avant moi : ils ne se gênaient pas, ils se retrouvaient le soir au bar que tient mon meilleur copain, un bar très sélect au centre du village, siège du club de rugby, spécialisé dans les whiskies (il en a au moins 75 d'origines différentes, que nous allons déguster et choisir ensemble en Ecosse) ; puis ils terminaient la nuit dans la voiture de son amant, une Clio pourrie garée sur le parking public juste à côté du bar. Tous mes amis fréquentent ce bar ! Et personne ne m'a rien dit, même pas le patron ! Ils me disent maintenant qu'ils avaient tous peur de ma réaction...

Elle se faisait baiser dans cette voiture, en plein village ! Bonjour la discrétion ! Et pour moi c'est la honte : je suis très connu à Castelnau, conseiller municipal, trésorier du club de rugby, membre du Rotary et du club de bridge. J'ai une entreprise qui marche bien malgré la crise, un chalet à Megève, une maison avec un anneau pour le voilier dans la marina de Port-Grimaud... Bref avec moi elle a la grande vie.

Il faut dire que cette fille j'en suis tombé raide dès que je l'ai vue dans mon bureau il y a sept ans ; elle cherchait un emploi de secrétaire-comptable : quinze ans de moins que moi, une vraie bombe, une allure, une classe, un sex appeal, un regard... Entre nous deux ça a flambé tout de suite, un vrai feu d'artifice ! J'étais marié depuis dix ans, deux enfants, 9 et 7 ans, une femme sérieuse et gentille aux petits soins pour moi, une vie pépère... J'ai tout plaqué en un mois et je me suis installé avec elle dans un appartement à Toulouse en attendant.

Et là j'apprends qu'elle sort depuis des mois, plusieurs soirs par semaine, soi-disant avec des copines pour aller au bowling ou au karaoké, en fait pour se faire sauter dans une Clio par un jeune minable, un chevelu, un glandeur qui vit des Assedic, de petites combines et des Allocs (il a quand même fait trois gosses à une pauvre fille paumée, et il est tous les jours au bistrot). Putain, la honte !

Ça m'a rendu fou : ce gars j'ai voulu absolument le voir, de près, pas pour le frapper, juste pour voir à quoi il ressemblait, qu'est-ce qu'elle lui trouvait au juste. Alors j'ai passé mes journées et mes soirées à le suivre en bagnole de bar en bar : je n'arrive plus à travailler, je ne fais que ça, le pister. J'ai fini par aller chez lui, mais il n'était pas là : sa pauvre femme m'a reçu avec les trois marmots, on se serait cru dans le tiers-monde, un vrai taudis. Je lui ai tout raconté : elle s'est effondrée. Elle se doutait qu'il la trompait depuis des années, mais là avec cette femme magnifique qu'elle a croisée dans le village, elle n'a pas supporté.

La nuit je ne dors plus du tout. Je me repasse tout en boucle. Je les vois dans cette putain de voiture. Alors je la réveille et j'exige qu'elle me raconte tout pour la énième fois : tout ce qu'elle lui fait, tout ce qu'il lui fait, dans quelles positions, combien de fois, combien d'orgasmes, tout quoi. Elle *pleure en me disant que c'est fini entre eux, qu'il ne faut plus y penser, que c'était une erreur, que d'ailleurs il n'était jamais arrivé à la faire jouir, qu'il avait juste une belle gueule de petite frappe mais que sexuellement il était nul. Tout ça ne m'apaise pas du tout et je continue à vouloir qu'elle me donne des détails, toujours et encore plus : je ne suis jamais rassasié.*

Je finis toujours par lui faire l'amour violemment, parfois en la forçant un peu, et en la pénétrant de toutes les manières possibles je n'arrête pas de penser à l'autre. Ça me rend fou. J'ai peur de finir par la tuer comme Othello. »

Ce qui me fait peur aussi, mais que je ne peux pas dire au psy, c'est que quand je pense à lui tout en faisant l'amour à ma femme, je le vois nu, je vois son sexe, énorme et droit comme un dard, ses fesses musclées, son torse magnifique, ses pectoraux, ses abdos en barres de chocolat, la puissance de ses coups de reins et son souffle haletant avant l'explosion finale. C'est presque comme si je faisais en fait l'amour avec lui ! C'est horrible ! Comme si j'étais devenu homosexuel et que je veuille me mettre à la place de ma femme ! C'est trop tordu tout ça : je crois qu'elle a fini par me rendre complètement malade.

« Comprenez-moi bien Docteur : j'ai absolument besoin de toute urgence d'un médicament qui m'assomme, me fasse dormir et bloque la machine à penser en boucle. J'ai vu sur votre plaque que vous étiez aussi psychothérapeute, mais je ne viens pas du tout pour une psychothérapie : ne le prenez pas mal, mais en ce qui me concerne, pas de bla-bla: ça ne sert à rien. »

PARENTS ET ENFANTS

KEVIN ENTRE SES DEUX PARENTS

Ça y est , nous y sommes, depuis le temps qu'ils me menaçaient de m'amener chez un psy pour me faire suivre ! Ils ont réussi à se mettre d'accord au moins là-dessus et à en choisir un !

Ça a commencé quelques mois avant le divorce, quand ils se hurlaient dessus tous les soirs : ça démarrait pendant le repas, je montais vite dans ma chambre sous prétexte de faire mes devoirs, puis je me cachais sous la couette, mais je les entendais s'engueuler toute la nuit. Du coup, le matin j'étais naze et la maîtresse a fini par les convoquer pour savoir si je n'étais pas malade, si je dormais bien, si je ne faisais pas des cauchemars, etc.

Puis j'ai commencé à avoir mal au ventre le matin, envie de vomir, pas faim, et donc souvent j'allais pas à l'école : ça aussi c'était pas bon pour moi !

Puis il y a eu ce dessin que j'ai fait : tout noir, où le petit garçon lâchait la main de ses parents et s'enfonçait dans un trou lui aussi tout noir : là j'ai eu droit à la visite de la psychologue scolaire, très gentille, qui m'a trouvé un *«état dépressif avec idéations suicidaires»* et a décrété que j'avais besoin d'un avis spécialisé et peut-être même d'un suivi. Décidément ils veulent tous qu'on me suive : ils ont peur que je m'échappe ou quoi ? Pour aller où ?

C'est curieux : le vieux monsieur à lunettes laisse parler ma mère, puis mon père (qui exceptionnellement s'est libéré de son travail pour la circonstance), mais il n'a pas l'air de trop s'intéresser à ce qu'ils racontent : il me regarde mine de rien, un peu en coin, comme s'il lisait mes réactions à chacune de leurs phrases. Puis il me parle à moi : Il me dit que je peux parler moi aussi pour dire si je suis d'accord ou non avec tout ce qui se dit, et puis qu'il me verra ensuite tout seul et qu'il ne répétera à personne ce que nous nous serons dit : ça m'étonne ça ; enfin on verra...

Pour le moment je les laisse parler. Ils présentent tous les deux la situation comme dramatique, et moi comme victime de la méchanceté et de l'irresponsabilité de l'autre.

Maman dit qu'elle a bien conscience que je ne vais pas bien, depuis la séparation, mais que tout est de la faute de mon père : c'est lui qui l'a trompée, qui est parti vivre ailleurs, chez sa secrétaire au début, puis dans un nouvel appartement où je ne suis pas bien accueilli un WE sur deux : la preuve, il me refile souvent à papi et mamie parce qu'il ne sait pas quoi faire de moi ; et puis sa nouvelle copine ne s'entend pas bien avec moi, elle n'aime pas les enfants d'ailleurs et ne veut pas en avoir...

Là dessus mon père la coupe et lui gueule dessus, en sourdine quand même : il ose pas crier vraiment chez le psy, mais je vois bien à ses yeux noirs et à son visage qui devient tout blanc qu'il se retient un max.

D'après lui, c'est elle qui fait obstacle à notre relation, qui me monte la tête contre lui et sa copine, qui me demande un compte-rendu détaillé de tout ce qu'on a fait tout le WE chaque fois que je reviens chez elle, etc. C'est la méchante : sans doute que s'il est parti c'est qu'elle était déjà méchante alors ?

J'en peux plus de les voir faire tous les deux ! Ils m'avaient pourtant dit qu'on venait ici pour moi, pour que j'aille mieux ; mais en fait ils sont venus surtout pour eux, pour se balancer des vacheries devant moi avec en plus un témoin payé pour écouter ça !

Le psy fait comme s'il les écoutait, mais je crois qu'il s'est déjà fait une idée ; et moi j'ai déjà entendu ça cent fois à la maison, puis chez l'un, et chez l'autre.

J'aimerais qu'ils arrêtent de se crier dessus, qu'ils arrêtent de me parler de l'autre quand je suis avec l'un, qu'ils soient juste là pour moi et que je puisse être bien avec eux séparément, puisqu'ils veulent ça apparemment, vivre séparés.

Moi, ils ne m'ont pas demandé mon avis : je sais, c'est des affaires d'adultes, j'y comprends rien d'après eux ; mais moi j'ai rien demandé à personne : ils m'ont dit « *tu es l'enfant de notre amour* », d'accord, super, puis ils m'ont dit *« on ne s'aime plus* »... alors qu'est-ce qu'il peut faire « l'enfant de leur amour » s'il n'y a plus d'amour ?... Il faut qu'il se coupe en deux morceaux ? et qu'il aille juste en visite chez son père un WE sur deux et la moitié des vacances scolaires ? et à Noël, comment il fait ? il coupe la soirée en deux ?

Je sais, les trois quarts de mes copains à l'école il leur est arrivé la même histoire, et ils me disent que

c'est juste chiant au début mais qu'après on s'y fait ;
oui mais moi je suis triste, je veux pas vivre comme
ça. C'était bien, avant, quand j'étais petit : pourquoi
ça peut pas continuer ?

Le pire c'est que je comprends aujourd'hui que
mon père est en fait venu chez le psy pour qu'il l'aide
à obtenir la garde alternée ! Ça c'est la meilleure :
j'irai en visite tantôt chez l'un, tantôt chez l'autre, je
trimballerai mes bagages tous les dimanche soir et je
n'aurai plus de maison à moi : SDF je vais finir !

Ils me saoûlent grave là tous les deux.

Je vais attendre que le psy les fasse sortir, et je
vais tout lui dire à lui : que j'ai mal au ventre parce
que j'en ai marre de faire ma valise et d'oublier
toujours un truc chez l'un ou chez l'autre, que j'ai
envie de faire des câlins avec eux deux dans leur lit le
dimanche matin, comme avant, et d'ouvrir les
cadeaux de Noël devant le sapin entre eux deux.

Pourquoi ils m'ont fait ça ? qu'est-ce que j'avais
fait qu'il fallait pas ? pourquoi ils m'en ont pas
parlé ? pourquoi ils m'ont pas demandé mon avis ?
moi j'aurais sûrement trouvé une solution pour qu'ils
restent tous les deux avec moi, et alors ils m'auraient
sûrement fait une petite soeur...

EMILIE ET LA CUISINE

Je le savais que ça finirait comme ça.

Mon père, lui, voulait m'hospitaliser, carrément :

« Maintenant ça suffit, Emilie, ça ne peut plus durer, il faut que tu te dises une chose ma fille, c'est que tu es malade, vraiment malade, c'est une vraie maladie, et grave en plus, tu as bien vu l'autre jour à la télé le débat et les témoignages des parents et des anciennes patientes anorexiques. Tu as vu aussi qu'au début toutes ces jeunes filles ne se considéraient pas comme malades : ça fait partie de leur maladie justement.

Et puis à l'hôpital tu seras bouclée dans ta chambre, sans visites et sans téléphone jusqu'à ce que tu aies repris le nombre de kilos fixés par le Docteur. »

Là-dessus bien sûr ma mère s'est mise à chialer comme quoi elle ne voulait pas faire enfermer sa fille ni l'abandonner. Mais bien sûr pour elle non plus ça ne pouvait pas durer comme ça. Elle, son obsession c'est les règles : je ne les ai plus depuis 3 mois, et ça *«c'est grave, il faut faire quelque chose»*, je me mets en danger. Tu parles comme je m'en fous des règles : me tordre de douleur 3 jours par mois, mettre ces putains de protections (pas question que je m'enfonce un Tampax), tu parles d'une normalité ! Mais ma mère tient absolument à ce que je les aie, régulièrement en plus s'il vous plaît !

Elle avait tenu déjà à ce qu'on fête ça au Champagne quand j'ai eu mes premières règles : la classe !

« Maintenant tu es une vraie femme, ma fille ! »

Notre généraliste a finalement joué les médiateurs et a proposé qu'on voie d'abord tous les trois un psychiatre connu de lui, qui proposerait la solution la mieux adaptée.

Je m'en fous : même si ce psychiatre dit lui aussi qu'il faut m'hospitaliser, j'irai en clinique mais je ne prendrai pas un seul kilo, même si je dois rester enfermée un an. Je me sens très bien à 30 kilos, et l'essentiel c'est que je me sente bien. Si on me fait prendre un seul kilo je vais péter un plomb et faire une connerie : vomir, prendre des laxatifs ou les hormones thyroïdiennes de ma mère, ou me remettre à courir comme une dingue.

Qu'est-ce qu'ils ont tous à vouloir que je grossisse, pour que je ressemble à ces pétasses de ma classe avec leurs gros nibards qui débordent de leur soutif et leurs fesses énormes serrées dans leur micro jupe, à se faire mater par tous les garçons : ça me dégoûte, ça me fait gerber. Depuis que je suis ado on dirait que je ne suis qu'un tas de viande, un animal de boucherie, que les garçons regardent passer en se léchant déjà les babines. Le pire c'est les hommes âgés qui ne se gênent pas pour me reluquer dans la rue : ça c'est horrible.

Et à la piscine, depuis le Collège c'est mixte ! Affreux !

Je voudrais tant passer inaperçue, être transparente, invisible : on dirait que depuis que je suis *« une femme »* comme dit ma mère, je ne suis que ça, un sexe ambulant, du gibier, une proie.

Je voudrais tant parler normalement avec les gens, de tout ce qui m'intéresse : la musique, la littérature, le cinéma, le théâtre, la danse, le cheval... Mais dès que je montre un bout de poitrine ou de jambe, c'est fini : plus personne n'écoute ce que je dis, ils ne regardent que ça, mes formes, mon corps ; c'est une vraie obsession.

J'ai quand même le droit de me défendre, merde ! De mettre des manches longues, des grands pulls flottants, des pantalons trop grands et pas moulants, ça me met à l'abri. Je ne suis pas islamiste mais je comprends mes copines musulmanes qui mettent la robe longue et le foulard : elles ont trouvé **leur** solution à **notre** problème à toutes.

Quand est-ce qu'ils comprendront tous que mon problème c'est pas la nourriture : j'adore faire la cuisine, j'ai plein de recettes et j'en cherche de nouvelles tous les jours dans les magazines. J'aime des tas de trucs, même la viande, sauf le gras, ça ça me dégoûte ; et puis j'aime bien manger très lentement en triant les trucs dans mon assiette : ça énerve tout le monde. Et puis j'aime pas manger comme eux : je préfère me préparer mes trucs à moi toute seule dans la cuisine, tranquille, et peser les aliments, et noter sur mon carnet toutes les calories, comme ça je sais exactement ce que je mange par 24 heures. Après je m'endors tranquille.

Mon problème c'est pas la cuisine, non, mon problème c'est que les autres me regardent avec leur sale regard vicieux, et qu'ils voudraient tous que je devienne un objet appétissant à mater et à palucher. Pas question, ça jamais de la vie ! Je vois pas pourquoi parce que je suis née XX je serais condamnée à n'exister que comme un corps offert en pâture aux XY ! J'ai envie d'être des tas d'autres choses, de faire des tas d'autres choses, de m'intéresser à des tas d'autres choses !

Alors j'ai trouvé ma seule solution possible dans l'immédiat : puisqu'ils sont obsédés par mon corps, eh bien je vais l'effacer. Et c'est pas ce vieux psy bizarre qui va me faire changer d'avis, avec ses tableaux représentant bien sûr des femmes à moitié nues, et ses statuettes africaines avec des femmes à poil allaitant leur gosse !

S'il m'interroge tout à l'heure quand mes parents auront fini de se plaindre, c'est ce que je lui balancerai, et s'il le faut je le lui écrirai dans mon gros cahier : il paraît que les psy aiment bien qu'on leur lise quelques passages de ces gros cahiers ; eh bien, il va être servi !

Enfin ça y est, ils sont sortis, je vais pouvoir parler.

Je lui explique tout, ou presque : je lui parle pas du cousin qui me coinçait tous les dimanche après-midi, pendant que ses parents étaient occupés avec les miens à boire après manger, et qui me tripotait les nichons parce que d'après lui je commençais à «en avoir». Je lui parle pas non plus des vannes à l'école primaire quand ils m'appelaient tous «bouboule». Et ma mère qui essayait de me consoler en me disant que dans sa famille toutes les femmes étaient très féminines avec des rondeurs «bien placées»... L'horreur !

Bon, à part ça je lui ai tout raconté, en tout cas tout ce que moi je pensais.

Il a l'air content.

« C'est bien Emilie que tu aies déjà pu me dire tout ça aujourd'hui.

J'ai bien compris que tu es en colère contre tous ceux qui veulent se mêler de ton corps. Ton corps c'est toi et personne n'a le droit de le contrôler ou de le régenter. Tu as raison.

Tu as trouvé une solution qui est la tienne. Pour l'instant c'est pas trop mal.

Mais je suis médecin et je dois te dire quelque chose : si tu ne manges pas assez tu risques de dérégler toute ta machine, et pas que les règles. Si tu vomis trop souvent tu risques de faire un arrêt cardiaque un jour.

Alors je vais te proposer quelque chose : tu vas continuer à manger à ta manière, mais tu vas m'apporter régulièrement les résultats de ta prise de sang. On va vérifier les protides, le fer, le potassium plus quelques autres petits trucs, OK ?

Et ici, si tu es d'accord, tu reviendras me parler de tout le reste : pas le poids ni la nourriture, mais tout ce qui te tracasse. Ça restera bien sûr entre nous. Toi par contre tu peux bien sûr en parler à ta mère ou à ton père, si tu veux. D'accord ? »

Tu parles si je suis d'accord !

C'est chouette : je ne vais pas passer mes vacances en clinique ! je vais juste faire ces prises de sang et revenir lui parler !

Oh purée ! et le poids, au fait ? il a complètement oublié de me demander de me peser ! (tous les combien je me pèse alors ?)

Et mon BMI, on le calcule quand ?

C'est bien les psy ça !

JULIE ET SON PERE

« Bonjour Docteur, je viens vous demander de l'aide parce que rien ne va plus dans ma vie, ni au boulot, ni en famille. Ça ne peut plus durer comme ça et je ne sais pas comment m'y prendre pour que ça change.

Le pire c'est que, vu de l'extérieur j'ai tout réussi, un véritable sans faute.

J' ai des parents fantastiques, aimants, intelligents, qui m'ont toujours poussée à me surpasser ; j'ai fait un parcours scolaire et universitaire exceptionnel ; j'ai eu le choix après la Prépa à Joffre (Montpellier) entre plusieurs Grandes Ecoles ; finalement j'ai choisi HEC et à la sortie obtenu un poste de Directrice des Ventes dans une multinationale ; j'ai réussi à négocier avec mon n+1 de vivre à Toulouse pour rester près de mon mari ; je suis le plus souvent à Paris pour la journée, ou parfois pour plusieurs jours dans les avions à l' International, mais tout ça, ça va : j'assure. Ce que je ne supporte pas c'est la nonchalance des autres et les dysfonctionnements de l'entreprise : là je peux me mettre à hurler sur quelqu'un en exigeant de lui qu'il soit professionnel, comme moi.

Mon mari, brillantissime lui aussi, rencontré en Prépa à Montpellier : lui, a choisi de faire Médecine, et bien sûr il s'est retrouvé après l' Internat Chef de Clinique puis Professeur Agrégé ; il est souvent à Paris ou à l'étranger pour les Congrès, et le soir il doit bosser sur son ordinateur dès la fin du repas.

Nous avons une fille et un garçon qui d'après tout le monde vont très bien et sont magnifiques ; le seul problème avec eux c'est qu'ils m'énervent souvent, que je n'arrive pas toujours à les canaliser, et que je n'arrive pas à travailler chez moi le soir pour mon boulot du lendemain : j'ai trop de choses à faire le soir et le WE ! Alors je hurle souvent sur eux et les secoue un peu pour qu'ils me fichent la paix et aillent se coucher : je ne veux pas déranger mon mari, la médecine c'est trop sérieux et prenant ; c'est une mission et une vocation ; la vie des malades est en jeu.

Quand je lui en parle il me dit que je m'énerve trop vite pour des petits détails, mais qu'il est d'accord pour prendre une nounou ou pour confier les enfants plus souvent aux grands parents...

Je m'inquiète beaucoup en ce moment parce que notre sexualité est en perte de vitesse : j'ai souvent des mycoses ou des infections vaginales, ça me fait mal, je le lui dis, il comprend, mais j'ai peur qu'avec toutes ces femmes jeunes et belles qui lui tournent autour à l'Hôpital (médecins, chefs de clinique, thésardes, internes, externes, infirmières, secrétaires, visiteuses médicales, patientes et autres) il finisse par craquer et par aller voir ailleurs : j'ai eu deux gosses, mon corps a vieilli, je ne suis plus dans la course, je ne suis plus sur le marché comme on dit ; je n'ai plus beaucoup d'envie non plus, pourtant je continue à le trouver très beau, mais je n'ai plus de désir : je me force à accepter un rapport de temps en temps pour lui faire plaisir, je surjoue l'orgasme et même parfois je le simule : j'ai honte ! »

Tout ça en fait ce n'est rien.

Tout ça je peux le lui dire sans problème, il est psy après tout : il doit se dire, bon d'accord, c'est la crise classique d'une femme de 40 ans surmenée par sa vie professionnelle, plus celle de son mari, plus sa vie de mère de famille. Elle est perfectionniste, elle veut tout réussir, tout assurer pour plaire à son père, elle ne supporte pas de se plaindre et de s'avouer dépassée, alors elle devient irritable, odieuse avec tout le monde, et ça ne fait qu'aggraver le problème.

Non, le pire c'est que tout ça n'est rien à côté du seul problème grave que je me trimballe depuis l'adolescence et que je n'arriverai jamais à lui dire ici à mon avis : chaque fois que mon père s'avance vers moi pour me faire la bise, je mouille immédiatement, c'est terrible : j'ai envie de me jeter sur lui, de l'embrasser à pleine bouche, de me coucher sur lui, sous lui, de le prendre, de me faire prendre par lui... Aucun autre homme ne m'a jamais fait cet effet !

Au début je me suis dit : ce n'est que le Complexe d'Oedipe, ta prof de philo t'en a parlé en Terminale, ça arrive à toutes les filles, c'est normal, ça va passer, tu vas arriver à t'en sortir. Mais j'ai eu beau tomber amoureuse d'un beau mec, me marier, faire deux enfants, c'est toujours pareil : j'évite de croiser mon père, j'évite les WE chez mes parents, c'est trop dur : après je mets toute la semaine à m'en remettre.

Pourtant, lui ne fait rien pour s'approcher de moi : aucun geste tendre, aucun compliment, plutôt une certaine condescendance à l'égard de mon métier dans le commerce, qui pour lui est bien sûr incomparable à sa carrière à lui dans la recherche fondamentale et les sciences pures et dures.

On ne peut pas dire qu'il a induit chez moi ce désir ou que les rapports entre nous étaient troubles ou potentiellement incestuels : non ! c'est moi seule qui suis anormale, perverse, tordue, folle ! Un jour ou l'autre les gens vont bien finir par s'en apercevoir !

Jamais je n'arriverai à lui dire tout ça ! En même temps, je suis venue chez ce psy pour qu'il m'écoute ; ce n'est qu'à lui seul que je peux parler de ça : il ne me connaît pas, je ne le connais pas, on ne se reverra jamais, il n'y a qu'à lui que je peux confier ce terrible secret. Si un seul de mes proches ou de mes collaborateurs apprenait ça, ma vie serait fichue.

Bon ! allez ! je suis venue, maintenant je me lance !

MOURAD ET SON PÈRE

« *Docteur, je vous amène mon fils Mourad, parce que ses professeurs m'ont alerté : ça ne va plus du tout depuis la rentrée des classes. J'ai réussi à l'inscrire en Centre d'Apprentissage, on a pu trouver un patron boulanger qui a bien voulu le prendre en alternance, mais aujourd'hui tout le monde me dit que ça ne va plus. Quand il est en cours au CFA il n'écoute rien, il chahute avec ses potes, et quand on lui fait une remarque, il répond avec arrogance à ses profs : en fait il n'en fait qu'à sa tête et n'obéit à personne. Quand il est en stage c'est pareil : il ne supporte pas que son patron lui fasse des remontrances ou lui montre comment il faut faire.*

Ensuite j'ai découvert qu'il fumait du shit tous les jours, tantôt avec les copains, tantôt seul le soir. Ça c'est trop : je me demande où il trouve l'argent d'ailleurs, parce que moi je lui donne juste ce dont il a besoin pour le loyer, les vêtements et la nourriture.

Le pire pour moi c'est qu'il me tient tête aussi et me dit qu'il sait comment gérer sa vie et que je n'ai aucune remarque à lui faire.

Il me dit en gros que je ne suis plus son père. Ça c'est insupportable.

Ce fils, je l'ai appelé Mourad parce que je l'ai vraiment voulu, désiré, c'est pas un enfant né par hasard, je l'adore, et je ne comprends pas pourquoi il est devenu comme ça.

Des amis qui vont souvent sur Internet m'ont dit que c'étaient des choses que les psychiatres connaissaient bien et pouvaient soigner.

Vous pensez que c'est le cas ? »

Mon père, tu parles d'un père ! Depuis l'âge de 15 ans il est soit en taule, soit en cavale, tantôt en France, tantôt en Espagne, tantôt au bled. Quand il arrive ici il fait le beau avec ses bagnoles, ses nanas, ses potes qui le badent, ses soirées en boîte de nuit ; c'est le caïd, il arrose autour de lui. A moi il me dit qu'il est dans l'import-export : achats et ventes en tout genre, voitures, Hi-Fi, électro-ménager, matériels divers, tu m'as compris. En fait c'est un gros dealer qui s'est recasé à l'étage au-dessous. Alors les leçons de morale qu'il me donne chaque fois qu'il se pointe, tu parles comme elles sont crédibles !

Moi au contraire j'ai jamais voulu toucher à tout ça, j'ai essayé de trouver un travail normal, et pour ça j'ai tenté l'école mais ça n'était pas pour moi, j'avais trop de retard et de lacunes par rapport à mes copains gaulois, alors finalement j'ai trouvé l'apprentissage d'un vrai métier : la boulangerie. On me l'a proposé, j'ai accepté, mais c'est un peu trop dur physiquement pour moi, parce que je suis un peu gringalet : je préférerais la pâtisserie qui est plus fine et artistique, mais j'espère pouvoir changer de voie prochainement. Quant aux profs, ils voient bien que je suis nul en français et même en calcul, je suis d'accord, mais c'est pas une raison pour me manquer de respect !

Bon, le psy se décide enfin à faire sortir mon père pour m'écouter tout seul : on va pouvoir y aller.

« Monsieur, il faut que je vous dise d'abord que j'adore mon père. Il est le seul à s'être occupé de moi après la mort de ma mère (cancer du sein). Il était souvent absent pour raisons professionnelles, mais il m'a confié à sa soeur à qui il donnait de l'argent pour mon éducation. Petit à petit j'ai compris que ses activités étaient un peu louches, et que par périodes il était en fait en prison : mais il

envoyait toujours l'argent pour moi. Ça je peux pas dire. Il a toujours été correct avec moi de ce côté-là.

« Mais aujourd'hui il monte sur ses grands chevaux parce que je ne fais pas une scolarité sans faute, il me bassine avec le peu de shit que je fume, il voudrait que je la ferme devant des profs qui m'humilient, de quel droit ? Je devrais être parfait, soumis, docile, moi ? alors que lui a toujours été l'inverse ?

J'y comprends plus rien. C'est quoi un père ? Celui qui te montre le chemin à suivre ? Ou celui qui te dit : tu dois être irréprochable toi, pas comme moi ? »

DELIRES

PETITS ET GRANDS

PATRICK : TOUJOURS PAREIL

Mes parents ont à nouveau voulu que je change de psy et c'est eux qui ont choisi bien sûr, comme toujours : j'ai 31 ans, merde ! j'ai déjà travaillé comme dessinateur industriel dans un bureau d'études, un sous-traitant d'Airbus, d'accord ? c'est pas une raison pour vouloir me faire travailler dans un CAT ou un ESAT comme ils disent maintenant. C'était une idée fixe de mon ancien psy : il voulait à tout prix que je n'habite plus chez mes parents, il fallait rompre le lien fusionnel et m'autonomiser, d'accord, mais pourquoi aller bosser presque gratos dans une usine pour fous ? Enfin, je vais voir si j'arrive à convaincre celui-ci que je ne suis pas fou, que je me sens très bien chez mes parents, et que pour le reste je gère, avec un traitement léger j'y arrive.

Ce qui se passe en fait, et ça je suis d'accord ça n'arrive sûrement pas à tout le monde : c'est que j'ai un compagnon dans ma tête qui n'arrête pas de me parler, et je n'arrive pas à le débrancher. Dès que je me réveille, il m'observe et commente tout ce que je fais, tout ce que je vais faire, en parlant de moi à quelqu'un d'autre, comme si je n'étais pas là.

« Patrick a encore changé de psy, mais il a toujours aussi peur de faire du mal aux gens avec ses pensées, et de déclencher des accidents. C'est un gros nul de toute façon. »

Comme si c'était pas suffisant, je me parle moi aussi dans ma tête, même quand je suis au calme sur mon balcon en train de fumer ma cigarette : « tu as vu comment il t'a regardé l'autre au tabac-presse ? je suis sûr qu'il est au courant de tout, il te l'a bien fait sentir, tu as intérêt de filer doux et de ne pas regarder les petites filles dans la rue, sinon… »

Sinon j'essaie de sortir, d'aller au cinéma : ça aussi c'était une obsession de mon ancien psy, il voulait à tout prix que j'aille au cinéma, et puis il fallait pas lui raconter des salades, il vérifiait tout : le résumé du film, les acteurs, les horaires. Si bien que pour avoir tout juste j'ai été obligé d'y aller pour de bon. Mais le cinéma c'est l'enfer : sur l'écran y a plein de gens qui se parlent de choses qui leur sont arrivées dans leur vie, mais moi j'ai plein d'autres trucs urgents à régler ; je peux pas m'occuper de tout ça en même temps : c'est trop. Déjà j'ai dû m'arranger pour être le troisième au guichet, puis pour trouver une place au troisième rang, de préférence la troisième à partir de la droite, avec vue sur la porte des toilettes, parce qu'à tous les coups je vais devoir y aller : j'ai bu une bière et un café, et puis si la voix me dit d'y aller tout de suite, y a pas moyen d'y couper.

Le cinéma c'est l'enfer : je préfère les DVD dans ma chambre, mais là le problème c'est mes parents qui surveillent le son à cause des voisins ; et puis ils imaginent toujours que je me passe des films pornos alors que moi ce que j'adore c'est Heidi et La petite maison dans la prairie. Qu'est-ce qu'elles sont mignonnes !

Bon, je regarde son cabinet : c'est bizarre toutes ces statuettes non ? quoique pour un psy peut-être qu'il vaut mieux avoir des statuettes, mais... africaines et asiatiques ? C'est calme chez lui, à part le bruit des marteaux-piqueurs dans la rue, mais ça je crois pas que ça soit fait exprès : remarque le précédent avait des voisins qui hurlaient et se tabassaient tous les jeudis. Remarque s'il faut ils se tabassaient aussi le lundi. C'était peut-être pas fait juste pour moi : faut pas être parano non plus...

Pourquoi il me pose ce genre de questions ? L'autre me demandait juste si je dormais et mangeais normalement, si le médicament ne me donnait pas des effets secondaires extra-pyramidaux (c'est rigolo ce truc des Pyramides : qu'est-ce qu'elles viennent faire ici ?).

Lui il me parle carrément de mon compagnon, comme s'il l'avait déjà croisé : et *«comment il s'appelle ? vous êtes sûr que c'est un homme ? sa voix ne vous rappelle personne ? la nuit il ne vous parle jamais ? il vous parle dans l'oreille droite ou gauche ?»* putain c'est le KGB, il veut tout savoir ! Je vais lui inventer quelques trucs intéressants pour les psys histoire de le calmer.

« Avant ma naissance, mes parents avaient un autre garçon qui est décédé à 3 mois : mort subite du nourrisson. Il s'appelait Cédric, d'où mon prénom, Patrick, à cause du ic(k). Ok ? C'est quand même normal qu'il me parle pour me conseiller et me mettre en garde : c'est mon frère aîné merde ! c'est son job non ? »

Bon, il a l'air de se calmer pour aujourd'hui, mais il m'avertit quand même que nous reparlerons de Cédric les fois suivantes : putain, pourvu que mes parents ne lui disent pas qu'il n'y a jamais eu de Cédric !

Bon, maintenant qu'il m'a lâché avec cette histoire d'hallucinations acoustico-verbales comme ils disent, on va pouvoir passer aux choses sérieuses : le traitement, il me le change ou non ? Ok, mon vieux traitement par Solian n'était pas très efficace, et surtout ne me désinhibait pas assez ; il existe une nouvelle molécule qui pourrait m'aider à aller vers les autres et à m'investir dans des activités (stop ! pas le CAT ! pitié !) ; d'accord, elle s'appelle Abilify, ça c'est cool, elle a un nom américain ! j'achète. C'est tout ?

Purée c'est tranquille : je sens qu'on va bien s'entendre tous les deux ; je vais pouvoir lui raconter tout ce qui se passe dans ma tête (il a l'air d'être intéressé surtout par ça) et il ne va pas m'emmerder avec le traitement et le CAT.

Pourvu que mes parents l'acceptent !

Bon, j'espère que la secrétaire ne va pas m'emmerder elle non plus avec la Sécu, la Mutuelle, le Médecin traitant, le Tiers payant et l'AAH...

Ouf ! c'est réglé : je reviens dans un mois, YES !!!

Il faut surtout que je lui dise que le nouveau traitement est impec et que dans ma vie rien n'a changé (je veux surtout que rien ne change) : il a l'air de trouver normal que j'aie toutes ces préoccupations avec ce que doivent penser les gens. Ah oui ! il faut que je lui dise aussi que, quand je sors, les choses dans la rue me sautent au visage et qu'il faut que je les gère en les éloignant : je dois sans arrêt prononcer des phrases pour me protéger, sinon... Bon, mais ça ce sera pour la prochaine séance.

« Patrick a bien joué : vous avez vu le psy comment il a tout gobé direct ! Par contre il risque de téléphoner aux parents et de découvrir le pot aux roses ! Pas de frère aîné Cédric décédé en bas âge ! Et là il est cuit : il lui faudra trouver autre chose.

Il faut qu'il fasse gaffe aussi au gars qu'il a croisé en sortant : il faisait semblant d'arriver, mais il a sûrement tout entendu. »

AURELIEN : J'AI UN DON

Mes parents n'ont toujours pas compris. Tous les psys que j'ai vus n'ont jamais rien compris non plus : ils me parlent tous de *«bouffées délirantes aiguës déclenchées ou aggravées par la consommation de cannabis»*.

En tout cas ils m'ont interné trois fois en deux ans, bourré de médocs, en service fermé, HDT qu'ils disaient (Hospitalisation Dure pour Toi), maintenant ils disent SPDT (Sans Pouvoir Défendre Toi) : ça veut dire que t'as rien à dire et que t'as intérêt à faire profil bas si tu veux sortir assez vite !

Moi tout ça j'y crois pas. Je sais ce que j'ai : j'ai un don que j'ai hérité de mon papi, je perçois des messages que les autres ne perçoivent pas, tantôt à la télé, tantôt sur les panneaux Giraudy, et même dans les nouveaux clips des chanteuses !

Ça a commencé au Collège, et quand j'en ai parlé, les copains se sont foutus de moi ; n'empêche que ça marchait bien avec les filles : quand je leurs disais que j'avais bien reçu leur message,ça les rendait toute bizarres, elles me trouvaient différent, et ça c'était bon pour moi !

Puis il y a eu cette histoire avec les affiches pour les fenêtres Tryba, celles avec un Sumo accroupi devant la fenêtre : je suis sûr que c'est ma mère qui les avait fait mettre exprès tout le long de la route entre la maison et le Collège, parce qu'elle me gonflait depuis un moment avec ma *«prise de poids»*, elle me disait *«tu vas finir comme un Sumo»*.

Moi je m'en fous : les filles elles aiment bien mes épaules, mes bras, mon bide, mes fesses, mes cuisses... tout quoi ! Des fois même elles me font des réductions quand je vais à *La Junquera* avec les potes le WE !

En tout cas, les fenêtres Tryba, ça m'a valu ma première Hospitalisation Dure pour Toi !

Sinon j'assure au quotidien et j'ai des tas de projets.

Mon truc c'est le commerce : j'adore acheter, vendre, prospecter, discuter, marchander. J'ai déjà vendu de tout : jeans, polos, chemises, appareils HiFi, appareils photo, voitures, surtout les voitures ça j'adore parce que c'est des grosses sommes et il faut pas se louper... Mais il faut que je fasse gaffe : depuis que la MDPH (Maison pour Débiles Profonds et Hallucinés) m'a filé une AAH (Argent Après

Hospitalisation) j'ai pas trop le droit de travailler...
sauf au black bien sûr.

Cette année je me méfie encore plus : je n'essaie
plus de revendre du shit ou de la coke, depuis que je
me suis fait casser la gueule et dépouiller sur un
parking par quatre courageux qui m'avaient donné
rencard la nuit aux Izards.

Ce que j'ai pas encore réussi à comprendre avec
ce nouveau psy c'est s'il capte vraiment que j'ai des
pouvoirs spéciaux ou s'il se fout juste de ma gueule.

Parce qu'il me dit :

*« Oui, oui, je comprends bien ce que tu me dis,
mais moi je ne crois pas que tu aies des pouvoirs : ça
c'est toi qui le crois, tu vois des stars à la télé, tu as
l'impression qu'elles s'adressent à toi, tu crois
qu'elles t'envoient des messages parce qu'elles sont
dingues de toi et qu'elles en peuvent plus. Tout ça
c'est ton délire, mais dans le fond tu sais bien que
c'est pas possible : jamais tu as réussi à avoir un
rencard avec Rihanna ; jamais tu as pu boire un pot
avec Beyoncé. Alors pourquoi tu continues à faire
semblant de gober tout ça ? »*

Sur les faits il a raison, mais il abuse quand même : je sais bien qu'un jour ou l'autre j'arriverai sur Facebook à décrocher un rencard avec une star ; tous les jours elles me font des clins d'yeux à la fin de leur clip, et ça il n'y a que moi qui le capte. Elles me kiffent toutes, ça j'en suis sûr. Les autres c'est que des jaloux !

Je crois qu'on va en rester là avec ce psy : je vais pas essayer de le convertir, je vais juste lui dire :

« OK, je continue à prendre l'Abilify à 5 mg, OK, on continue avec l'AAH, mais pour le reste j'ai bien compris : sur le fond on n'est pas d'accord, alors inutile de discuter. »

Dommage quand même, si j'avais pu me le mettre dans la poche, il aurait peut-être pu m'acheter quelques jeans, mais il est plus coriace que prévu...

Avant de partir je vais quand même tenter un dernier coup :

« La patiente qui est passée avant moi, elle est vachement mignonne, vous trouvez pas ? et j'ai bien vu qu'elle m'envoyait des messages pendant que je la matais en douce dans la salle d'attente : vous auriez

pas son numéro de téléphone ? si ! vous devez bien l'avoir dans votre ordi !

— Tu rigoles ou quoi ? Avec tous les pouvoirs spéciaux que tu as, tu n'as même pas pu voir son numéro de portable ? »

SUZY , LES FILLES ET LE DIABLE

J'aime bien aller chez mon nouveau psy, une fois par mois, toujours le mercredi à 13 h 30. Il me refait toujours la même ordonnance, surtout il faut rien changer, je le lui ai dit : les autres avant me changeaient sans arrêt les médicaments, sous prétexte que les vieux neuroleptiques étaient dépassés, ils ont essayé tous les nouveaux antipsychotiques au fur et à mesure qu'ils sortaient, j'ai fait le cobaye quoi. Total je me remettais à m'exciter tous les trois mois, à ne pas dormir et surtout à revoir le diable dans ma chambre, mais attention pas le diable gentil et rigolo, non le diable noir, le méchant, celui qui me dit de me pendre ou de sauter par la fenêtre. Celui-là quand ça le reprend je file vite aux urgences me faire hospitaliser : c'est trop flippant toute seule avec lui dans mon appart.

Sinon le reste du temps il y a le diable rouge qui vient me rendre visite, mais celui-là je l'aime bien, c'est un coquin, il me taquine, il surgit quand je suis sous la douche, me fait des papouilles partout avec sa longue queue rouge, souple et pointue terminée par un dard rose ; c'est un sacré loustic. Il me fait des blagues souvent : il m'appelle par mon prénom, dans mon dos, surtout quand je marche dans un couloir. Là, si je me retourne, je ne le vois pas, mais je sais que c'est lui, je reconnais bien sa voix : il se planque pour que les autres ne le voient pas ; il n'y a que moi qui sais qu'il existe, personne ne voit le diable rouge, sauf moi sous la douche.

J'aime pas le métro : tout le monde me regarde, les gens parlent de moi, se poussent du coude en me montrant, se foutent de ma gueule, de mes cheveux, de mes fringues. Je baisse les yeux dans le métro, je mets mes oreillettes et j'écoute mon iPod.

J'aime pas marcher dans la rue non plus : je trace à toute vitesse en rasant les murs, je m'arrête jamais avant d'être arrivée, parce qu'il y a plein de mecs qui matent, reluquent, font des remarques. J'aime pas les mecs, ils me font peur. Je sais ce qu'ils veulent ; attention, j'ai déjà couché avec un mec quand j'étais jeune : celui-là il était gentil, sauf quand il avait bu, là il voulait toujours me faire des trucs que j'aime pas par derrière, je suis pas un garçon, merde...

Non, ce que j'aime c'est les filles : elles sont beaucoup plus belles, gentilles et tendres. Elles ont la peau douce et qui sent bon. Elles se lavent tous les jours. J'adore les caresser longtemps et les faire gémir. J'aime bien téter leurs seins et sentir le bout qui durcit, et mettre mon nez dans leurs cheveux.

En ce moment j'ai une copine, Tatiana, qui vient souvent chez moi, mais comme elle est bi et qu'elle vit avec un mec elle peut jamais passer la nuit avec moi ; mais on s'entend bien toutes les deux quand même : qu'est-ce qu'on rigole toutes les deux, surtout quand on parle des mecs !

Sinon, tous les matins je vais à l' Hôpital de Jour. Attention, c'est pas un vrai hôpital : les infirmiers sont pas en blouse blanche, on discute avec eux, on va faire les courses au marché, on fait la cuisine, on mange, on va visiter les musées, on va aussi au cinéma et à la piscine (ça j'aime pas trop parce qu'il y a plein de garçons qui me frôlent dans l'eau). Les infirmiers c'est mes copains, ils arrêtent pas de me chambrer avec l'histoire du diable rouge que je leur ai racontée, on rigole bien.

Mais quand je recommence à aller mal, là ils rigolent plus, ils m'écoutent, essaient de me calmer, et s'ils sont trop inquiets ils appellent mon psy pour qu'il me reprenne à la Clinique. Là c'est bien : je le vois tous les matins, et quand je vais mieux il me charrie lui aussi. Comme ça je suis tranquille : j'y reste pas longtemps, c'est pas comme avant.

Après je viens ici une fois par mois pour l'ordonnance. J'arrive demi-heure avant, comme ça j'ai le temps de papoter avec un ou deux patients que je connaissais de la clinique et que je retrouve dans la salle d'attente.

Ah ! ça y est ! il arrive enfin ! il en a mis du temps aujourd'hui !

Il a dû aller manger au resto... ou pire encore : il a tous les cheveux en pétard...

RAPHAEL ET LES FRANC - MAÇONS

Ma femme a absolument voulu que je vienne consulter un psychiatre et elle a tenu à m'accompagner. J'ai longtemps refusé parce que je ne suis pas malade. J'ai refusé en tout cas d'en prendre un à Montauban : je suis trop connu là-bas, mon cabinet d'avocat commence à être bien sollicité, et si on me voit entrer chez un psychiatre tout le Barreau va être en ébullition ; je les entends d'ici tous ces jaloux et envieux. C'est vrai que je me suis bien débrouillé depuis mon installation, que je traite des affaires intéressantes et pas seulement des divorces, que j'ai de bonnes réussites, que je me suis marié avec une femme sublime, belle, intelligente, vive, pleine d'humour, douée elle aussi pour les plaidoiries, et que nous avons de beaux enfants. Tout va bien pour moi.

Enfin pas tout à fait. Pour être sincère je dois dire que certains de nos amis, ceux que nous invitons souvent le vendredi soir, ont avec moi depuis peu un comportement étrange : ils me font de petits signes avec les sourcils, ont des regards en coin et de petits sourires, me serrent la main ou me font la bise d'une étrange manière. Je suis sûr qu'ils me testent et qu'ils essaient de savoir si je suis prêt à entrer en franc-maçonnerie, à être présenté par eux en loge et à être initié. Ils essaient de me faire comprendre que eux en sont, et qu'il serait bon pour ma carrière que j'en fasse partie. Ils sont de plus en plus pressants, les signaux et les allusions se multiplient : alors j'ai décidé de rompre avec eux et de leur dire pourquoi. Je pense qu'il y a un complot en ce moment, et que ma femme elle-même est dans le coup : elle ne verrait pas d'un mauvais oeil que je sois initié dans leur Loge, et d'ailleurs ce sont tous ses copains de Fac. Après l'esclandre que je leur ait fait l'autre jour j'ai peur qu'ils me boycottent et coulent ma carrière : on dit que la vengeance des franc-maçons est terrible, en tout cas socialement.

Ma femme nie tout : elle me dit que jamais elle n'a vu un de ces signaux que je vois partout, et que d'ailleurs aucun de ces amis n'est franc-maçon, elle les connaît tous très bien et parle souvent avec leurs épouses : si l'un d'entre eux était entré là-dedans elle le saurait.

En fait elle me dit que je suis dans un délire paranoïaque et que ça se soigne !

Moi je sais très bien que je ne délire pas. Les couloirs du Palais sont pleins de magistrats et d'avocats qui ont des complicités entre eux, des sous-entendus, des sourires, des clins d'yeux, des allusions. Je sais très bien que dans ce métier, pour faire carrière il faut des appuis internes et externes, jusqu'au plus haut niveau.

Et ces appuis, le moyen le plus sûr de les trouver c'est de les fréquenter au dehors : c'est dans les loges maçonniques, depuis le XVIII° siècle que les gens d'un même métier se regroupent, se côtoient, échangent des services et se renvoient l'ascenseur. Même pour le vote des lois les plus controversées, sur l'avortement, la contraception, la peine de mort, c'est là que ça s'est joué.

Ils m'ont «approché», comme ils disent, mais ils ont senti que je n'étais pas à la hauteur, et que je ne ferais jamais partie du sérail.

C'est encore mes origines : fils de petit artisan, réfugié politique espagnol arrivé ici en 1939, c'est à l'école de la République que je dois tout. Mes professeurs à la Fac de Droit me l'avaient bien fait sentir : je n'appartenais pas aux grandes familles de juristes et je n'aurais jamais l'occasion d'occuper les postes prestigieux de la haute magistrature. Il me restait à devenir un petit avocat de province, et bien content : quelle ascension sociale !

Tout ça c'est trop tôt pour lui en parler surtout avec Valérie qui assiste à l'entretien.

Bon, je la lui fais court et soft :

« Docteur, ma femme et moi avons un léger désaccord d'interprétation au sujet de l'attitude de certains de nos amis : je pense qu'ils essaient de m'envoyer un message codé, alors qu'elle prétend n'avoir rien vu de tel. Ceci dit, rien de grave : je continue à travailler au Cabinet ; c'est vrai que j'ai un peu de mal à plaider en ce moment parce que je manque de concentration, j'observe sans arrêt les magistrats et mes confrères pour détecter le moindre signe qui viendrait corroborer mon inquiétude, alors je me mélange un peu les pinceaux, c'est pourquoi j'évite de plaider en ce moment et je délègue un maximum.

Mais je conteste catégoriquement l'idée de délire paranoïaque et de pathologie en général : je m'inquiète peut-être juste un peu trop pour des faits que d'autres que moi n'ont même pas remarqués. »

Il hoche la tête en semblant m'écouter, puis bien sûr il donne la parole à Valérie qui majore tout, dit qu'elle est au bout du rouleau et finit par fondre en larmes comme si j'étais devenu un étranger, un vrai malade mental.

Bon, il va essayer de ne pas m'hospitaliser (encore heureux !), de me laisser continuer à travailler au Cabinet, à une condition : que je prenne une petite dose de Zyprexa pendant une quinzaine de jours, avant de revenir le revoir en consultation. Bien sûr, si *«les choses»* s'aggravaient, moi ou Valérie le rappellerions aussitôt...

Là je pense que je suis coincé : Valérie va sauter là-dessus et surveiller la prise du médicament tous les soirs. Elle m'a averti : si je ne me soigne pas elle se casse avec les gamins. Alors que faire d'autre ? Va pour le Zyprexa (il faut que je vérifie sur Internet si c'est employé dans la paranoïa, et s'il y a des effets secondaires).

C'est un bon compromis il me semble, d'autant que ce psy ne m'inspire pas confiance : il y a trois fauteuils devant son bureau, trois tableaux au mur, trois statuettes sur sa cheminée, etc. Il serait au Grand Orient ou à la Grande Loge que ça ne m'étonnerait pas outre mesure... Alors il va falloir jouer fin parce qu'il peut tout transmettre à ceux de Montauban.

Donc, en dire le moins possible et rassurer tout le monde.

Je ne vais plus parler de ces « amis »...

FLORENCE : TERRORISEE

Je crois que je vais partir en courant pour me cacher n'importe où.

Pourquoi ma mère m'a fait ça ? Elle m'avait amadouée pendant quelques jours en me disant qu'elle me sentait angoissée et qu'elle allait m'amener chez un médecin spécialiste de l'angoisse. Mais là je comprends tout : elle m'a amenée en consultation chez un psychiatre, qui consulte dans son bureau de la clinique psychiatrique, en plus. Elle m'a dit que c'était par pure commodité de proximité géographique. Tu parles ! La consultation, j'ai bien compris, est de pure forme : en fait, ils se sont déjà entendus tous les deux au téléphone pour m'hospitaliser juste après notre entretien. Ma mère va tout lui expliquer à sa manière habituelle, et hop ! elle va me laisser là avec les fous (j'en ai vu plusieurs déjà dans le hall d'accueil : ils essaient tous d'écouter à la porte, je les sens bien : ils doivent déjà parler de moi).

C'est affreux : je le sentais venir depuis un bon mois: d'abord au travail, les regards se détournaient

81

ou au contraire se faisaient plus scrutateurs et inquisiteurs, les secrétaires d'abord, puis mes collègues ; puis à la maison, ma mère était devenue différente, me posant des questions étranges : pourquoi le patron de mon cabinet d'avocats ne me laissait plus plaider, pourquoi mon ex-mari ne donnait plus de ses nouvelles, lui qui après notre séparation avait été si correct et attentionné, avec elle et avec moi, pourquoi j'avais interrompu brutalement plusieurs entretiens avec des clients, pourquoi je m'absentais aussi souvent du cabinet ?

Je ne comprends pas pourquoi tout le monde s'acharne sur moi ce mois-ci, même dans la rue, les femmes plus vieilles et moins belles que moi me lancent des regards atroces quand elles voient mon décolleté avec mes seins magnifiques qui débordent : j'ai bien le droit, flûte, de montrer que je suis belle ; ce sont juste des envieuses !

C'est vrai que j'ai eu une belle vie : je suis très belle, élégante et sexy, la classe ; les hommes s'arrêtent et me contemplent dans la rue ; j'ai fait des études longues et j'ai décroché brillamment mon diplôme d'avocat, en narguant mon père qui aurait voulu que je fasse le même métier que lui dans le commerce ; en sortant de la Fac j'ai épousé un collègue brillantissime qui était fou de moi et qui depuis a fait une très belle carrière au Barreau d'Albi. Mais peu à peu je me suis sentie en décalage : je n'arrivais pas à faire tout ce qu'ils attendaient tous de moi (avocate, épouse de notable, mère de famille, femme au foyer) et pour tout dire je n'avais pas du tout envie de faire tout ce pour quoi j'étais programmée.

Moi ce que j'aime, c'est le calme, la campagne, les animaux (les petits chiens, les chats, les oiseaux surtout). Faire des enfants ça m'angoisse, plaider ça me stresse, me pencher sur la situation catastrophique des clients ça me rend triste.

Alors voilà : ils se sont tous inquiétés parce qu'ils sentaient que je leur échappais, que je n'étais plus celle qu'ils croyaient, que ma tête était ailleurs.

C'est vrai, mais je ne suis pas folle pour autant. Des fous j'en ai croisés quand j'étais d'astreinte juridique le week-end et qu'on me faisait venir dans les geôles du commissariat pour m'entretenir avec de pauvres types en garde à vue qui avaient insulté les flics ou tabassé leur femme après avoir bu. Je ne sais pas ce qu'en pensait le médecin d'astreinte, mais pour moi c'était ça des fous.

Moi c'est pas pareil : je sais ce que j'aime et ce que je n'aime pas ; je ne hurle jamais ; je ne manque jamais de respect à personne ; simplement, quand ça ne me plait pas, je tourne les talons et je m'en vais. Je n'aime pas trop la société, la vie en groupe et les relations obligatoires.

C'est ça être fou ?

Par contre, je ne suis pas névrosée et coincée, loin de là : ça , mon ex-mari s'en était vite rendu compte et ça l'avait même surpris. Je démarre au quart de tour : si on me frôle le pubis, je peux avoir un petit orgasme illico. Si on me suce le bout des seins, là j'explose. Et au lit j'adore être à quatre pattes et qu'on me tamponne par derrière très fort en me tenant par les hanches : c'est comme ça que je jouis le plus fort. Tout ça pour dire que mon aspect réservé, froid ou hautain cache en fait tout autre chose. Je n'aime pas trop la vie sociale, mais j'ai une sexualité tout à fait normale. Les hommes trouvent même que dès que je suis dans l'intimité, je suis une véritable bombe qui cache bien son jeu.

Mais tout ça il ne le saura jamais.

Il écoute ma mère parler : moi, je ne veux rien lui dire ; à tous les coups il va s'en servir contre moi (c'est ce qu'on dit systématiquement aux clients en garde à vue).

Il me regarde en coin de temps en temps, mine de rien : j'ai l'impression que je lui plais ou qu'il est impressionné par mon métier, à voir.

Ça y est : il se décide à parler :

« Madame, vous présentez les symptômes d'une dépression sévère, de niveau mélancolique, avec par moments quelques éléments atypiques du registre psychotique. Je pense qu'il est urgent de traiter tout ceci : deux médicaments suffiront, Seroplex et Risperdal, mais il serait bon que ce traitement soit initié sous surveillance quotidienne, en hospitalisation.»

Zut, il m'a coincée : je ne suis pas folle, juste déprimée ; j'ai besoin d'un traitement urgent, et comme par hasard il faut le commencer en clinique pour le surveiller. Imparable !

Bon, tant pis, j'accepte. Ça me fera sortir de chez ma mère, et je suis incapable de retourner chez moi en ce moment : les voisins me surveillent sans arrêt...

En plus, il passera me voir tous les matins...

LIONEL ET SA MERE

« *Bonjour Docteur, vous vous souvenez de Lionel ? mon petit dernier, 21 ans, étudiant en sciences, qui avait été hospitalisé le mois dernier dans votre Clinique après que les pompiers soient venus le chercher chez nous ? il avait enjambé le balcon et s'apprêtait à sauter du troisième étage ! C'était avant l'été.*

Maintenant il va mieux, il est plus calme, mais avant de le laisser revenir en septembre dans sa chambre d'étudiant, j'aimerais comprendre ce qui s'est passé au juste. A la Clinique on nous a parlé de «bouffée délirante aiguë», de «personnalité pré-psychotique», de «traitement anti-psychotique» à prendre encore pendant longtemps... Mais moi, tout ça, je vous avoue que ça me fait peur et que je ne comprends pas trop.

Mon fils, excusez-moi Docteur, mais je le connais bien : c'est un gentil garçon, très doux, très obéissant, très travailleur, très réservé et même timide ; il ne sort jamais en bande avec ceux de son âge, il ne court jamais après les filles, il ne boit pas, ne se drogue pas ; il a toujours voulu faire des études

*sérieuses, scientifiques ou dans l'informatique ;
alors je ne comprends pas pourquoi cette année, dès
que nous lui avons loué une chambre en Cité
universitaire, il s'est mis à s'absenter des cours, à
fermer ses volets, à manger n'importe quoi et
n'importe quand, et à ne plus répondre au téléphone.
Chaque fois que nous arrivions chez lui à
l'improviste pour lui remplir le frigo, nous trouvions
le frigo plein de choses avariées. Si bien qu'à la fin
mon mari et moi avons pris peur et l'avons ramené
chez nous.*

*Et là, au lieu de s'arranger, les choses ont
continué à s'aggraver : il s'enfermait dans sa
chambre, volets fermés et lumière éteinte, refusait de
manger et de nous parler, restait toute la journée sur
son lit avec son casque à musique sur les oreilles.*

*Un soir son père s'est énervé, a forcé la porte de
la chambre, et c'est là qu'il s'est mis à hurler comme
quoi on était complices, qu'on voulait le tuer et qu'il
a enjambé le balcon : on l'a retenu juste par le
pantalon ; j'ai cru que mon coeur allait lâcher ! je
suis cardiaque vous comprenez ?*

*Mais, à force d'y réfléchir toutes les nuits, je
crois avoir trouvé ce qu'il a, Docteur : depuis qu'il*

est entré à la Fac, il s'est mis à fumer des Marlboro toute la journée; ça lui a complètement bouzillé les neurones, parce que j'ai vu sur Internet que Philip Morris mettait plein de produits bizarres dans les cigarettes pour perturber les jeunes, les rendre accros et les éloigner de leurs parents, de la Vérité et de la Foi.

Alors je pense que si vous arriviez à le faire arrêter de fumer, il n'aurait plus besoin de tous ces produits chimiques qu'on lui a donnés à l'Hôpital et en Clinique, et il redeviendrait comme avant.

Sinon, je ne vois qu'une solution, j'y ai bien réfléchi: nous allons le ramener au Gabon et le montrer à un marabout qui va nous le désenvoûter. »

Putain la honte ! Les cigarettes, le marabout ! La totale !

Je lui en veux pas, la pauvre : elle peut pas comprendre ce qui m'arrive, et je peux pas lui en parler, ça lui foutrait trop les jetons. Et je peux pas en parler non plus à ce psy : il connaît que les médicaments.

Moi, je ne suis pas malade, je suis victime d'une persécution qui vise les étudiants gabonais dès qu'ils arrivent en France : l' Organisation repère ceux qui sont dangereux parce que trop doués en maths et en informatique, elle s'introduit sur leur ordinateur, infiltre leur boîte mail et leur compte Facebook, contrôle leurs activités, consommations, habitudes, goûts musicaux ou autres, préférences sexuelles, consommations d'alcool ou de drogues... et puis, à partir de là, c'est parti : ils t'installent des puces et des caméras partout dans l'appart, des micros dans tous les tuyaux de chauffage central. Moi, quand je m'en suis aperçu, j'ai mis un mois à démonter tout ça : tu aurais vu le chantier ! Quand ils ont compris à qui ils avaient à faire, ils m'ont pas lâché ; ils se sont installés tranquilles avec leurs télé-objectifs dans l'immeuble d'en face, mais là je les ai repérés tout de suite et je les ai bien baisés : direct j'ai fermé mes volets et je suis plus sorti de chez moi ! Quand j'ai compris qu'ils tentaient aussi d'empoisonner ma nourriture, j'ai arrêté de manger ! Trop fort !

Ensuite il restait juste le téléphone portable : avec ça ils savent où tu es et tout ce que tu fais ; alors je l'ai balancé aux chiottes direct. Et maintenant je suis enfin tranquille !

Sauf que mes parents eux ne peuvent rien comprendre à tout ça.

Mon père est rationnel, scientifique et très intégré à la société française, alors lui il gobe tout ce que disent les psychiatres : bouffée délirante aiguë, délire paranoïde et médicaments antipsychotiques, allez vas-y !

Ma mère est au contraire persuadée que tout s'explique par les esprits maléfiques et que tout peut se régler en faisant appel au savoir ancestral et aux vieilles recettes du pays.

Avec ces deux-là je suis bien monté ! il faut que je me débrouille tout seul ici en France, et c'est pas gagné; ils ont réussi à m'interner en psychiatrie et je n'ai rien pu faire ! Le seul avantage c'est que j'étais à l'abri tant que j'étais en clinique : sans portable j'étais non-repérable. Mais maintenant que je suis sorti il faut que je fasse gaffe.

Je ne peux compter que sur mes propres forces, et je dois me méfier de tout le monde, parce que l' Organisation est partout et veut ma peau : c'est clair.

Bon, OK, je vais dire à ce psy que j'ai décidé d'arrêter de fumer grâce à la cigarette électronique, ça calmera ma mère, que je vais continuer à prendre un peu de son médicament, ça le rassurera, et que je vais essayer de réintégrer mon appartement, d'ouvrir mes volets et de manger à heures régulières, ça c'est pour mon père !

En fait je ne peux pas leur dire que ma priorité c'est de retrouver Adel mon copain qui me fournit l'herbe et le shit à la Cité U. C'est vital pour moi. J'ai bien compris avec les autres patients de la Clinique que pour lutter contre le Risperdal qui te rend tout mou, figé et zombie, il n'y a que le cannabis, trois joints par jour minimum, sinon tu es cuit.

J'espère que ça suffira : cannabis versus Risperdal, je dois pouvoir gérer ; en tout cas on verra bien. Peut-être qu'avec ça je pourrai reprendre mes études, parce que pour cette année c'est râpé : j'ai pas pu me présenter à mes partiels...

ALEXANDRE

ET LA FUSION COSMIQUE

« Bonjour Alexandre. Je suis le nouveau psychiatre que vous allez voir suite à votre récente hospitalisation. On m'a déjà transmis un dossier vous concernant, que je vais vous résumer. Vous me direz si vous êtes d'accord avec tout ce qui y est écrit, et vous me donnerez votre point de vue.

En gros vous avez été conduit à l'hôpital par les pompiers parce que vous dansiez nu vers minuit sous la pluie place du Capitole, en passant d'un signe du zodiaque à l'autre, et en interpellant les passants, que vous invitiez à se joindre à vous, en l'occurrence un bus entier de touristes japonais qui vous prenaient bien sûr en photo. La procédure pour attentat à la pudeur a été classée sans suite du fait de votre hospitalisation en psychiatrie, que vous avez acceptée immédiatement.Si vous le souhaitez vous me reparlerez des événements de cette nuit-là. »

Ça va être long et difficile à expliquer. Je ne sais pas s'il va pouvoir tout comprendre d'ailleurs. En fait ce soir-là tout s'explique par l'électricité et le magnétisme qu'il y avait dans l'air. Un gros orage se préparait qui n'a explosé que vers onze heures, mais je le sentais arriver depuis plusieurs heures. C'était la fête des lumières et des comètes. Des tas de décorations, d'illuminations et d'animations transformaient la ville en quelque chose de féérique. J'ai remonté toute la rue Alsace comme attiré inexorablement vers le Musée des Augustins qui était ouvert au public. Tout était sombre à l'intérieur, sauf des petites lumières bleues qui parsemaient le sol et indiquaient un trajet à suivre. Et là brusquement, au bout du chemin des lumières je l'ai vue et je l'ai reconnue tout de suite : Lysistrata, celle que je cherchais depuis toujours, de longs cheveux roux retombant jusqu'au creux des reins comme une pluie d'étoiles, des jambes immenses émergeant d'une micro-jupe de velours bleu nuit, des yeux verts irlandais, des taches de rousseur partout. Elle s'avança vers moi en souriant et me tendit un prospectus précisant les animations du musée pour cette nuit d'exception, en me souhaitant la bienvenue avec son merveilleux accent gaëlique. Je lui dis tout de suite : « Je vous (re) connais, vous êtes Lysistrata, celle qui m'était destinée. La nuit est à nous, la vie est à nous, nous allons fusionner avec le cosmos. Je vous attends devant l'entrée du musée, vous m'y rejoindrez dès que vous aurez terminé votre travail d'hôtesse d'accueil. »

Et là j'ai attendu des heures. J'ai vu peu à peu sortir tous les visiteurs, puis les employés du musée, mais pas elle. J'ai alors suivi la foule qui se déplaçait vers la place du Capitole. Et là l'orage a éclaté. C'était le signal. J'ai enlevé et plié tous mes habits que j'ai rangés au centre du cercle du zodiaque, et je me suis laissé laver par la pluie. Toutes les impuretés, les parasites et les pollutions s'en allaient. Alors j'ai pu commencer la danse rituelle tibétaine en partant de mon signe du zodiaque, le Verseau, et en tournant dans le sens anti-horaire. Des touristes japonais se sont arrêtés, m'ont souri, m'ont parlé avec bienveillance, m'ont photographié ; je les ai invités à se joindre à moi : je leur ai expliqué qu'ils devaient se déshabiller eux aussi pour intégrer la grande chaîne humaine qui allait concentrer les forces magnétiques bénéfiques sur cette place devenue le centre du cosmos.

C'est là que les pompiers sont arrivés dans un tourbillon de lumières jaunes : ils m'ont parlé gentiment, m'ont enveloppé dans une couverture de survie, ont rangé mes vêtements dans un sac en plastique ; je les ai suivis sans opposer aucune résistance jusqu'à l'hôpital Purpan.

De toute façon l'essentiel était fait : la fusion cosmique avait bien eu lieu sous la foudre ; restait juste à retrouver Lysistrata, mais elle ne devait pas être loin ; elle avait sûrement eu juste un peu peur à cause de mon enthousiasme et de ma conviction, mais elle avait bien compris que je l'avais reconnue et que nous étions définitivement soudés.

« Alexandre, en ce qui concerne Lysistrata, il s'agit d'une étudiante irlandaise qui effectue des vacations au musée et qui se prénomme en fait Moyra. Ce soir-là vous lui avez fait peur, elle l'a signalé à ses supérieurs, et elle est sortie du musée par une porte dérobée ; mais elle acceptera peut-être de vous revoir, nous a-t-elle dit, dès que vous ne serez plus délirant. Etes-vous d'accord avec moi pour dire qu'il s'agissait bien là d'une bouffée délirante aiguë ?

— Je ne dirai pas ça exactement de cette manière. Je reconnais que je souffre depuis l'adolescence d'un trouble bipolaire et que j'étais

peut-être ce soir-là en phase d'excitation maniaque. Mais je ne suis pas schizophrène.

— Vous savez quand même que ces deux pathologies peuvent se chevaucher ?

— Oui bien sûr, j'ai vu ça sur Internet : on parle dans ce cas d'un trouble schizo-affectif. Mon comportement cette nuit-là, vu de l'extérieur, peut vous sembler coller parfaitement avec ce genre de trouble, mais sur la réalité de la rencontre avec Lysistrata et sur l'expérience unique que j'ai vécue ensuite, je ne suis pas d'accord : ça dépasse largement le cadre de symptômes pathologiques tels qu'ils sont repérés par le DSM 5 ; c'est une authentique expérience métaphysique, irréductible à tout ça ! On m'a dit à l'hôpital que vous avez été prof de philo autrefois (vous voyez, les nouvelles vont vite entre patients), alors je sens que nous allons pouvoir discuter sérieusement : je suis passionné de philosophie. J'adore Ludwig Wittgenstein : «Ce dont on ne peut parler, il faut le taire». C'est la dernière proposition (N° 7) du Tractatus logico-philosophicus, écrit sur des carnets dans les tranchées et terminé à Vienne en 1918. »

LAURA ET L'EDUCATION NATIONALE

« *Docteur, j'ai pris rendez-vous pour ma fille Laura. Elle était documentaliste dans un Collège du Val-de-Marne, à Créteil, mais elle supportait de plus en plus mal les élèves ; avec les professeurs ça se passait mal aussi ; elle a fini par se mettre en congé maladie et par ne plus sortir de chez elle. Quand j'ai vu ça j'ai préféré l'obliger à venir vivre avec moi à Toulouse et à laisser tomber son appartement. Entre temps elle avait dû être hospitalisée à Villejuif ; on lui a donné du Zyprexa à fortes doses en continu : ça l'a calmée, elle est moins angoissée, mais elle est très ralentie et n'a plus envie de rien. Ici elle ne connaît personne, et quand mon médecin généraliste a vu son traitement il a préféré vous passer le relais, pas pour une hospitalisation, mais pour un suivi régulier.* »

Maman ! J'ai pas envie de lui parler ! Tous les psychiatres que j'ai vu ne pensent qu'à une chose : vous hospitaliser et vous bourrer de médicaments. Je veux retourner chez moi à Créteil. Je veux reprendre mon travail au Collège. Je vais bien maintenant. Je n'angoisse plus à l'idée de retrouver mes collègues et les élèves. Je ne peux pas rester indéfiniment en congé maladie. Je ne veux pas aller tous les matins à l' Hôpital de Jour de la MGEN participer à des groupes de parole et faire du travail manuel : je ne suis pas folle, j'ai juste eu un gros coup de fatigue, mais là ça va.

Je sais bien comment c'est venu tout ça, mais ni ma mère ni les médecins ne veulent comprendre. Quand j'ai fini mes études de géographie, j'ai raté l'oral de mon CAPES, alors que l'écrit s'était très bien passé ; alors j'ai demandé un poste de maître-auxiliaire, et j'ai obtenu tout de suite l'Académie de Créteil. Mais là je suis tombée sur trois classes de Collège difficiles, sur des collègues qui m'ont mal accueillie, et sur un Principal odieux qui faisait sans arrêt irruption dans ma classe dès que les élèves faisaient un peu de bruit. Ça a fini par me discréditer aux yeux des élèves qui se sont mis à se moquer ouvertement de moi dès que j'entrais dans la salle de classe et que je prenais la parole : ils rigolaient de mon accent du midi et m'appelaient «la paysanne». Dès la fin du premier trimestre j'ai craqué, j'ai dû me mettre en congé maladie, et c'est là que le médecin du Rectorat m'a conseillé de demander un poste de Documentaliste.

A la rentrée suivante on m'a changée de collège, je n'ai plus fait cours et j'ai fait toutes mes heures au CDI. J'étais un peu perdue au début à cause de l'informatique et du logiciel que je ne connaissais pas, et puis la documentaliste titulaire me faisait la gueule parce qu'au lieu de l'aider je lui faisais perdre du temps, d'après elle. Et surtout quand je devais accueillir une classe entière c'était à nouveau le bazar : ils me piquaient même des livres ou ils arrachaient des pages pour faire leurs exposés.

J'ai dû me remettre en congé maladie.

Dans mon appartement c'était pas mieux : tous les voisins me surveillaient quand je montais l'escalier ; ils entr'ouvraient la porte ou regardaient dans l'oeilleton ; et la nuit je les entendais faire des commentaires et des plaisanteries : les cloisons sont fines. J'étais la vieille fille venue de sa province, qui ne connaît personne, ne parle à personne, et rase les murs. Les hommes surtout ne se gênaient pas pour me regarder avec un petit sourire méprisant ; ils donnaient même des coups de coude à leur meuf en me croisant dans l'escalier.

Le médecin généraliste de mon quartier s'est inquiété de mon état et surtout de ce que je lui ai raconté de mes nuits : alors très gentiment il m'a fait une lettre pour un confrère psychiatre de Villejuif qui m'a internée d'entrée. Chambre fermée, neuroleptiques, pas de visites, pas de téléphone : j'étais en HDT quoi ! Un mois et demi j'y ai passé. Après il m'a orientée vers l'hôpital de jour d' Orly : dessin, peinture, groupes de parole, foutaises ! on se serait cru à la maternelle ! Et surtout : Zyprexa 20 mg tous les soirs !

Le pire c'est qu'ils m'ont discrètement fait comprendre que l'enseignement c'était pas pour moi, que c'était une erreur de parcours, et qu'ils allaient faire pour moi une demande d' AAH : allocation adulte handicapé ! On allait me verser une pension à vie parce que je ne pouvais plus travailler à cause de ma soi-disant maladie! Ça, ça m'a tuée !

« Docteur, ce que ne vous a pas dit ma mère c'est que j'ai fait une tentative de suicide le jour où ils m'ont parlé d' AAH : j'ai avalé toute la boîte de Zyprexa. Je veux retravailler. Je suis venue pour ça : pour que vous me fassiez un certificat pour l' Education Nationale, disant que je n'ai pas de pathologie mentale répertoriée et que je suis apte à reprendre mon travail de documentaliste.

Et après, si ça se passe bien, je recommencerai à enseigner la géographie, l'histoire et le français. C'est ce que j'aime. J'adore enseigner !

Il ne faut pas se fier aux apparences : j'ai l'air d'une vieille fille coincée, mais j'adore les jeunes ! »

KOUASSI :

LA MUSIQUE ET LES VOISINS

« Docteur je reviens vous voir en urgence parce que j'ai reçu mardi une lettre du tribunal : ils disent que je suis obligé de me présenter dans quinze jours à l'audience parce que les voisins ont porté plainte contre moi et veulent m'expulser de l'immeuble. Vous vous rendez compte Docteur ? Qu'est-ce que je vais devenir ? Un appart que mon père avait acheté et entièrement refait de ses propres mains, pour me le «louer» : l'explosion d'AZF avait entièrement détruit l'ancien ! Tenez, regardez la lettre : ils disent que j'ai inondé les apparts d'en dessous et surtout que je mets la musique plein pot toute la nuit ! Ils ont plein de lettres des copropriétaires, et des dépositions auprès du commissariat ! Je suis cuit ! C'est horrible : s'ils m'expulsent je suis SDF ! mon père ne veut plus me reprendre chez lui, enfin lui si, mais c'est sa nouvelle femme qui ne veut plus entendre parler de moi.

Il faut absolument que vous me fassiez un certificat pour le tribunal, pour dire que tout ça c'est des mensonges ! »

Oh purée le flip ! Je savais qu'ils m'aimaient pas les voisins, déjà parce que je suis jeune et black, mais surtout parce que j'ai travaillé en CAT, et ça ils aiment pas du tout : l' AAH et tout ça. Je suis pas comme eux, je suis handicapé psychique quoi. Et donc au premier prétexte, hop, tu dégages ! Ils ont vu aussi que les infirmiers passaient me voir tous les jours pour me donner mes médicaments : ça, ça leur fait peur ; ils s'imaginent sans doute que je peux les égorger à tout moment comme celui de l' Hôpital de Pau !

Bon, le problème des fuites d'eau. OK. C'était pendant la canicule de 2003, j'avais beau prendre des douches toute la journée, je crevais de chaud, alors j'ai pris le taureau par les cornes : j'ai arrosé tous les murs de mon appart qui avaient accumulé de la chaleur toute la journée, et là j'ai réussi à dormir un peu.

Le problème de la musique. OK. C'est vrai que je n'aime pas la même musique qu'eux : eux c'est la variété française, moi c'est le rap et le métal ; et je ne l'écoute pas aux mêmes heures qu'eux, mais je mets quand même le son de mon ampli très bas ; j'ai même surélevé les enceintes pour qu'elles ne fassent pas vibrer le parquet ! Je peux pas faire mieux !

« Kouassi, on se connaît depuis longtemps, alors je vais te parler franchement. Tes infirmiers m'appellent depuis un moment déjà parce qu'ils pensent que tu ne prends plus tes médicaments : tu es très fuyant quand ils viennent chez toi et tu les expédies vite fait avant qu'ils aient pu vérifier si tu les prenais vraiment. Ils te trouvent aussi souvent très excité et agressif, ils trouvent que tu parles très fort et que par moments tu repars dans ton délire de persécution. Ta curatrice elle aussi s'inquiète : elle vient de m'appeler parce qu'elle savait qu'on avait rendez-vous. Tu deviens agressif avec elle aussi parce qu'elle refuse que tu fasses des dépenses exagérées et des caprices (des fringues de marques, du matériel HiFi)...Tout le reste : le lavage-inondation de ton appartement et le rap à fond les ballons, à mon avis ça vient de là. Tu ne prends plus ton traitement et comme je te l'avais dit, tu es en train de décompenser. Si tu continues ça va finir comme la dernière fois : Urgences, HDT et Hôpital Marchant.

Alors je te dis deux choses aujourd'hui : tu reprends le Risperdal dès ce soir, et tu n'écoutes ta musique qu'avec un casque. Moyennant quoi je te ferai la semaine prochaine un certificat pour le tribunal.

On est d'accord ?

— D'accord Docteur, vous me sauvez la vie ! »

Purée, son traitement il y tient : il doit toucher des dividendes du labo, ma parole. Il ne veut pas comprendre que ça m'assomme, ça me ralentit, alors que la musique à donf au contraire ça me calme la tête et ça me fait planer. Tous mes copains du CAT me disent pareil.

Pour le casque par contre je suis d'accord : je vais en profiter pour demander des sous à la curatrice en lui disant que c'est le psychiatre qui m'oblige à acheter un casque. C'est vrai quoi, je suis majeur et ce sont mes sous ; je vois pas pourquoi ce serait à elle de me les donner au compte-gouttes comme à un gamin qui réclame son argent de poche ! Sans compter qu'elle se paie elle-même son salaire sur mon argent ! Ça c'est la meilleure !

Quant au Risperdal on verra plus tard...

TRAUMAS

PIERRE : JE CONTROLE

Il faut absolument que ça marche avec celui-ci : le précédent m'a «orienté» vers lui, viré en fait, parce qu'il savait pas par quel bout me prendre, mais surtout parce que je lui avais foutu la trouille ; faut dire que je lui avais laissé entendre que j'avais fait des trucs horribles en Afrique quand j'étais dans les forces spéciales, et que parfois ça me démangeait de refaire le même genre de truc ici : quand un gars me piquait ma place de parking, me frôlait ou bousculait dans la rue, quand il me regardait droit dans les yeux pour m'affronter, quand le voisin mettait à nouveau sa musique de merde à fond les ballons, quand le serveur faisait exprès de ne pas venir prendre la commande... Tous les jours ça m'arrive d'être juste au bord de péter un câble : ça encore j'arrive à gérer, on m'a appris à ne jamais céder à ce genre de truc, quand tu sens dans la poitrine et la gorge que ça monte et que ça va déborder et exploser. Non, on m'a appris au contraire à me calmer et à ne faire que le geste technique nécessaire pour mettre mon ennemi hors d'état de nuire, sans bruit, sans cri, sans agitation inutile : passer derrière lui, lui attraper les épaules avec le bras gauche, la tête avec le bras droit, et hop tu tournes d'un coup sec, les vertèbres craquent et c'est fini ; du travail propre et silencieux ; tu étais en danger, tu ne l'es plus.

C'est comme ça que j'aimais travailler.

D'autres fois par contre, c'était le bazar, plus personne ne contrôlait rien, ça tirait dans tous les sens, il fallait faire vite et tirer au jugé dans le tas, balancer une grenade dans la maison : tu n'as pas le temps de te demander s'il y a des gosses là dedans, des mamans, des vieux... tu as juste l'adrénaline qui te booste et tu sautes partout, tu te méfies de tout, surtout de tes arrières, et tu envoies la purée, mécaniquement, systématiquement, au cas où... sinon tu es mort. Quand c'est fini tu t'effondres, pas en larmes mais avec la haine contre les gars de ta propre section : « *Putain les mecs vous avez merdé, vous n'avez rien fait comme on l'avait prévu, on était bien d'accord et vous avez fait n'importe quoi, toi surtout le breton, tu t'affoles de suite, tu défourailles partout et tu fous les copains dans la merde.* »

Je viens chez ce psy officiellement parce que je n'arrive pas à dormir : le précédent m'a changé trente fois de traitement, j'ai tout essayé : Stilnox, Imovane, Noctamide, Théralène, plus tous ceux qui ont été supprimés parce que trop dangereux (Sirop de Chloral, Phénobarbital, Rohypnol, Mépronizine) rien n'y fait : je peux pas dormir, tout simplement parce que chaque fois que je fais mine de sombrer, une rafale d'images horribles me revient en travers de la tronche : cadavres, mutilations, exécutions, viols et j'en passe... Le sommeil c'est ça : un moment de faiblesse majeure : tu contrôles plus rien quand tu te laisses aller au sommeil.

Tu n'as plus le droit de dormir mon gars, sinon tu es cuit.

Comment dire ça à mon psy ?

Je vais essayer de le mettre sur la voie progressivement.

D'abord, j'ai changé de vie. J'ai démissionné de l'armée. J'ai rangé toutes mes armes dans une grosse cantine métallique fermée par un cadenas dont j'ai perdu la clef. J'ai trouvé un job dans le social : dans une association de quartier qui essaie d'encadrer les gosses de la cité et de leur trouver des occupations. J'ai essayé de me normaliser aussi question nanas et famille : je me suis casé avec Carole, une brave fille, honnête, sincère, droite et magnifique, qui bosse dans la boulangerie juste en bas de chez moi.

J'ai fait tout comme il faut, mais je me rends compte que par moments l'autre Pierre revient et prend le dessus : la haine remonte parfois, dans la rue, en voiture, dans les magasins, et même à la maison quand Carole me fait une critique injustifiée : j'ai des envies de gestes violents, radicaux pour que tout ça s'arrête et que tout rentre dans l'ordre. Je suis paumé : d'un côté je me dis «il faut que je me calme, toute cette violence en moi c'est pas normal». Et de l'autre je me dis que ce qui n'est pas normal c'est que les gens se comportent de plus en plus sans aucun respect : ça peut pas être comme ça. C'est pas moi qui suis pas normal. C'est à eux de changer.

J'espère que ce nouveau psy comprendra que c'est à eux de changer.

Ceci dit, j'aimerais bien aussi retrouver le sommeil : c'est surtout pour ça que je suis venu... mais peut-être que tout se tient...

D'autant qu'au boulot ils ne me facilitent pas la tâche : les gamins sont toujours excités, impolis, agressifs, ils ne respectent rien, on dirait qu'ils viennent d'une autre planète, on arrive pas à les faire se poser et travailler sur un projet pendant une demi-journée.

Je ne les supporte plus.

L'armée je ne veux plus : j'y étais entré tout jeune pour avoir un vrai boulot et sortir des foyers et des familles d'accueil où mes «parents biologiques» comme on dit m'avaient laissé : et ils m'ont fait faire un sale boulot qui m'a démoli.

Le social je ne peux plus, je me sens impuissant et débordé face aux nouvelles générations que je ne comprends pas ... qu'est-ce qu'il me reste alors ? Me replier juste sur ma vie privée peut-être ?

En tout cas, pendant ce temps je ne dors toujours pas.

J'espère qu'il va me trouver la potion magique avant que je pète un plomb : s'il le faut je vais lui dire que j'accepte d'être hospitalisé pour qu'il me change mon traitement, et peut-être que je pourrai éviter de lui parler de tout ça... Surtout, si je retrouvais le sommeil, ça serait génial : l'essentiel serait réglé !

« Du Tercian ? oui, pourquoi pas ? j'en avais déjà eu à fortes doses en clinique quand j'ai vraiment pété les plombs il y a deux ans... On va bien voir si ça marche... »

FRANCINE ET LE CHIMPANZÉ

« Bonjour Docteur, je me suis décidée à venir vous voir parce que j'ai un problème d'anorgasmie ; excusez-moi pour ce terme un peu scientifique, mais j'ai cherché sur Internet et il me semble bien que c'est de ça qu'il s'agit : j'ai très envie, je mouille, je n'ai aucune douleur à la pénétration, mais mes partenaires ont beau s'escrimer pendant des heures avec le pénis, les doigts ou la langue, il se passe rien du tout, je sens juste un petit picotement légèrement agréable mais sans plus. J'ai lu des tas de bouquins sur l'orgasme, et je vois à peu près ce que ça doit être, mais moi je n'y arrive pas. Pourtant je suis une fille libérée, je n'ai aucun complexe, je me mets à poil facilement et même avec plaisir, j'aime bien mon corps, le corps des hommes et des femmes lorsqu'ils sont beaux en tout cas, j'aime bien regarder des films pornos avec mes copains ou mes copines, j'ai essayé toutes les positions, j'ai été active, passive, voyeuse, exhibitionniste ; la fellation et la sodomie ne me gênent pas du tout, au contraire ; j'aime bien à trois ou quatre ou plus. Mais quelle que soit la configuration, je n'arrive pas à grimper jusqu'au sommet, à exploser et à m'effondrer ensuite repue,

prête à recommencer dans quelque temps. Ça finit par vexer mes partenaires qui se tirent en se disant que je suis frigide. Pensez-vous que le problème vient de moi, ou que je tombe que sur des nazes qui n'ont jamais entendu parler du point G ? »

Frigide moi, tu parles ! Moi je sais très bien que je ne le suis pas.

Je suis née en Afrique, mes parents étaient coopérants là-bas. Nous vivions un peu dans la brousse, à l'écart du village, près d'une école et d'un hôpital quand même, dans une belle maison en bois avec plein de domestiques et d'animaux plus ou moins apprivoisés.

Un jour, en fin d'après-midi, je devais avoir 6 ou 7 ans, après m'être baignée, je jouais seule toute nue près du bassin qui nous tenait lieu de piscine, mes parents étaient occupés à l'école, et Fatou ma nounou préparait le repas à l'intérieur ; les animaux se réveillaient de la sieste. Parmi eux, Igor le chimpanzé, me tournait autour depuis un moment, très excité, en sautant partout, et brusquement il m'a attrapée par les hanches avec ses longs bras immenses, s'est mis derrière moi qui étais presque à quatre pattes, m'a attirée vers lui, et m'a bousculée ou plutôt percutée très fort à trois ou quatre reprises ; je sentais ses poils taper contre mes fesses, puis brusquement un truc énorme m'est entré jusque dans le ventre, j'ai cru exploser ; une sensation de dingue, qui m'est remontée jusque dans la tête ; j'ai eu plusieurs soubresauts incontrôlables, j'ai hurlé, mais pas de douleur, c'était juste que c'était trop fort pour moi ; jamais j'avais ressenti un truc pareil. Puis plus rien, le trou noir. Je me souviens juste de Fatou en larmes me serrant contre elle : je pense que j'avais dû m'évanouir, tomber près du bassin, et qu'elle a cru à une chute accidentelle pendant qu'elle était à la cuisine. Quant à Igor, le pauvre, il a eu l'air inquiet toute la soirée, il venait de temps en temps me faire des câlins en me regardant d'un drôle d'oeil, mais depuis ce jour il n'a jamais plus essayé de recommencer. Dommage, quand j'y pense : c'était trop bon finalement ! C'était énorme une telle sensation ! Un truc qui t'envahit et qui est incontrôlable. Je n'ai jamais eu peur en y repensant, ni honte, ni dégoût, ni colère. Le pauvre Igor a dû mourir depuis sans que j'ai pu lui dire merci pour ce qu'il m'avait révélé. Peut-être que les autres partenaires que j'ai rencontrés depuis n'ont juste pas réussi à me faire oublier cette première sensation exceptionnellement intense.

Jamais j'en ai parlé à personne : c'est un secret énorme.

Jamais plus j'ai ressenti un truc pareil.

En fait je ne sais pas si j'ai envie de partager ça avec ce psy...

Et est-ce que ça pourrait servir à résoudre mon problème ?

GAÏK L'ARMÉNIEN

Je suis venu chez lui parce que je ne parle pas français et que les interprètes de l'association m'ont dit qu'il parlait espagnol lui aussi : j'ai travaillé plusieurs années à Valence après avoir fui l'Arménie où les Russes me persécutaient ; puis je me suis fait expulser d' Espagne parce qu'ils disaient que je n'étais pas un vrai réfugié politique ; alors en espagnol je me débrouille bien; j'espère que je vais pouvoir tout lui expliquer. Vamos a ver... On va bien voir...

« *Los padres de mi mujer se fueron de Armenia y se vinieron a Francia hace diez años. Mi mujer vino después con los dos niños, logró juntarse con ellos, se instaló en la casa de sus padres y pidió asilo político. Yo llegué hace un año. Pero aquí no puedo trabajar : para trabajar tienes que tener papeles, y para tener papeles tienes que tener trabajo. La Prefectura me lió desde el principio y me tiene de plantón ; nos pusieron en hoteles asquerosos y* «luego en un piso junto a la estación de ferrocarril (Matabiau) ; hace meses que no puedo dormir ; hay una discoteca abajo, borrachos en la calle, y cuando esos se callan son los ferroviarios que gritan toda la noche trabajando en las vías. Tengo que beber un poco de Coñac para aletargarme, y cuando no puedo más aguantar, me bajo para hacerles callar, y siempre se acaba eso en bronca.

Siempre tengo ruidos en la cabeza : un zumbido como un enjambre de abejas ; a veces me dan en la cabeza como golpes de martillo. Tengo miedo de volverme loco.

Entonces me visto y bajo a la calle ; ando solo durante horas hablándome, para conseguir cansarme y dormirme.

Pero nada. He perdido el sueño : se salió de mi cabeza, se alejó de mí y me dejó en el arcén de la carretera.

Entonces cuando regreso al piso, miro a mis niños que duermen, acurrucados contra su madre, y eso me alivia ; mirándolos dormir a los tres me pongo a llorar y les hablo en voz baja : les digo que siempre estaré con ellos para protegerles de todo (de *los Rusos, de los Franceses, de los fachas, de los podridos, de la mala gente) y que un día me saldrá un trabajo y que entonces les construiré una casa con mis proprias manos todos los findes. »*

« *Les parents de ma femme ont fui l'Arménie et se sont installés en France il y a dix ans. Puis ma femme est partie avec les deux petits et a réussi à s'installer chez eux et à demander l'asile politique. Moi je les ai rejoints depuis un an. Mais ici je ne peux pas travailler : pour travailler il te faut des papiers, et pour avoir des papiers il te faut avoir un travail. La Préfecture m'a fait poireauter dès le début et me mène en bateau ; on nous a logés dans des chambres d'hôtel pourries puis dans un appartement donnant direct sur la gare Matabiau ; je ne peux pas dormir depuis des mois ; il y a une boîte de nuit juste en bas, des ivrognes dans la rue, et quand c'est pas eux ce sont les cheminots qui refont les voies en criant toute la nuit.*

Alors je bois un peu de Cognac pour m'assommer, et quand je n'en peux plus je descends pour les faire taire et ça finit toujours en baston.

J'ai toujours des bruits dans la tête : ça bourdonne comme un essaim d'abeilles ; des fois ça bat et ça tape contre mon crâne comme des coups de marteau. J'ai peur de devenir fou.

Alors je m'habille et je descends dans la rue ; je marche pendant des heures tout seul en me parlant, pour essayer de me calmer, de me fatiguer et de m'endormir.

Mais rien n'y fait. J'ai perdu le sommeil : il est sorti de ma tête, il s'est éloigné de moi et m'a laissé en plan au bord de la route.

Alors en rentrant je regarde mes enfants qui dorment, blottis contre leur mère, et ça me fait du bien, je pleure en les regardant dormir tous les trois et je leur parle à voix basse : je leur dis que je serai toujours là pour les protéger de tout (des Russes, des Français, des fachos, des pourris, des méchants) et qu'un jour je trouverai un travail et qu'alors je leur construirai une maison de mes propres mains tous les week-ends. »

Je crois qu'il a compris que j'avais besoin de médicaments pour dormir mais aussi d'un certificat médical pour l'avocat de la Cimade et la préfecture : comme dit l'avocat, quand tous les recours politiques ont été rejetés, il ne reste que l'argument médical («le patient a besoin de soins qui ne peuvent pas lui être prodigués dans son pays d'origine»).

Je pense que ça s'est plutôt bien passé : il a compris tout ce que je lui ai dit en espagnol, il m'a répondu en espagnol (mais le Castillan c'est pas le Valencien ! j'ai eu du mal !), on a même rigolé un peu à un moment parce que, lui aussi, son père avait été réfugié politique et sans papiers en 1939, et en plus il avait été mieux logé que moi, comme il dit : sur la plage d' Argelès-sur-Mer en plein mois de Février ! le sable était un peu froid, y avait pas de douches ni de chiottes, mais c'était quand même plus beau que l'arrière de la gare Matabiau !

Il m'a fait le certificat direct sans que je le lui demande ! Bien sûr il m'a mis en garde contre l'alcool et il m'a refilé à la place un paquet de médicaments pour dormir ; en plus il m'a fait une lettre pour une consultation en ORL et une autre pour un scanner cérébral (pour les bruits dans la tête). La totale, quoi !

Ça rigole pas avec lui !

Je crois que je suis tombé sur le bon...

Il faudra que je lui offre une bouteille de Cognac arménien pour la Noël.

GILBERT ET AZF

« Le médecin du travail m'a conseillé de venir vous voir, parce que depuis le 21 septembre je n'arrive plus à dormir, j'ai les oreilles qui me sifflent, j'arrive pas à régler mon appareil, je pleure souvent sans raison, à table je ne parle plus à ma famille, plus rien ne m'intéresse, même pas l'électricité qui était ma passion (j'installais des réseaux et des machines compliqués), même pas le dessin et la peinture qui étaient mon passe-temps favori (j'adorais dessiner des voitures... et des jeunes filles).

Ce matin-là nous faisions avec mon collègue René une intervention de routine dans la tour n°2 de l'usine AZF : nous étions tout en haut et nous avions presque fini quand une envie pressante d'uriner m'a pris ; comme j'ai déjà des problèmes de prostate je ne peux pas me retenir longtemps ; alors j'ai dit à René en rigolant que je devais absolument descendre deux minutes avant que mon pantalon soit trempé. J'ai dévalé rapidement l'échelle, j'ai fait le tour du hangar pour me cacher derrière un tas de détritus, j'ai commencé à me soulager, et là ça a pété : enfin, je dis que ça a pété mais je ne me souviens de rien : j'ai dû être projeté sur le tas de détritus ; je n'ai rien vu ni rien entendu : mes deux tympans ont explosé en même temps (ça on me l'a dit après à l'hôpital). René lui n'est pas allé à l'hôpital : il est mort sur le coup, emporté par la chute de la tour, et de toute façon mort avant la chute, m'a-t-on dit, par effet de blast (le souffle de l'explosion).

Depuis je ne peux plus travailler en hauteur. Mon patron est sympa : il m'a trouvé un nouveau poste, mais pour moi c'est terrible, c'est de l'électricité générale, comme si je devais zapper toutes ces années d'hyper-spécialisation et repartir à zéro comme un apprenti.

Et puis surtout je pense tous les jours à René : pourquoi c'est lui qui est mort ? pourquoi j'ai survécu ? pourquoi je suis allé pisser juste à ce moment-là ? comme si j'avais senti qu'il allait se passer quelque chose de grave ? pourquoi je lui ai pas dit de descendre avec moi et de faire une pause, comme d'habitude ?

Je sais que c'est complètement fou, mais je me sens coupable : j'y pense sans arrêt et je ne dors plus du tout depuis ce jour ; je tombe assommé parfois l'après-midi, mais c'est pas du vrai sommeil, et je me réveille complètement crevé.

Ma famille, les amis, les associations de victimes n'arrêtent pas de me bassiner pour que je demande réparation au propriétaire de l'usine AZF, mais ça servirait à quoi qu'ils me reconnaissent victime ? qu'ils me donnent des sous ? et René pendant ce temps-là qu'est-ce qu'il en a à foutre des sous que me versera AZF ? sa veuve et ses gosses d'accord, mais moi j'ai pas besoin de sous : ma vie est fichue, c'est plié, j'ai 53 ans, je ne peux plus faire le métier qui me passionnait, comment je fais, moi ?

Bien sûr il y a ma femme et mes deux filles, mais elles peuvent se débrouiller sans moi, surtout que j'ai une bonne assurance-vie. Alors je me dis souvent que le mieux serait que je me foute en l'air, mais l'avocat m'a dit que si je me suicidais, ma famille ne toucherait pas l'assurance-vie. Alors j'ai envie de me laisser aller et de disparaître comme çà, de mort naturelle.

Je vous dit tout ça, Docteur, mais c'est juste parce que vous avez l'air de m'écouter avec bienveillance, mais franchement, ne le prenez pas mal, je ne vois pas ce que vous pouvez faire pour moi.»

En fait il y a bien quelque chose qu'il pourrait faire pour m'aider, si j'osais lui en parler, mais ça ce ne sera pas possible : j'ai trop honte. Depuis l'explosion je me sens tout changé de l'intérieur, comme si j'étais redevenu ado. Je ne suis plus du tout attiré par ma femme, même quand elle fait des efforts pour m'exciter, ça me répugne, limite ça me dégoûte. Et je suis au contraire attiré par les corps des jeunes. Mes deux filles pour commencer (18 et 16 ans) : je suis mal à l'aise quand elles me tournent autour ou quand elles s'approchent pour me faire la bise. Leurs tenues me dérangent aussi, leurs débardeurs, leurs décolletés, leurs minijupes, leurs jeans moulants... j'essaie de détourner le regard, mais c'est plus fort que moi, je les mate, j'ai honte. J'ai peur de les croiser dans la salle de bain, et l'été j'évite la plage et la piscine avec elles.

Mais il y a pire : dans le village j'ai tendance à me promener du côté du Collège à l'heure de la sortie, et à plaisanter avec les garçons, parce qu'ils acceptent plus facilement d'engager la conversation avec moi que les filles ; pour eux c'est normal et sans ambiguïté, ce sont des plaisanteries entre «un daron et des djeuns», mais pour moi c'est pas ça du tout : je vais vers les plus mignons, un peu androgynes, c'est bien une attirance sexuelle. Qu'est-ce qui m'arrive ! J'ai très peur un jour de craquer, de faire des propositions à mon petit voisin qui va aller raconter ça direct à ses parents et à ses potes, et là c'est fini pour moi : je vais me retrouver en taule.

Comment j'ai pu en arriver là, moi qui n'ai jamais été attiré par les garçons quand j'étais ado ? L'explosion m'aurait complètement chamboulé, tout, jusqu'à ma sexualité ?

ADDICTIONS

SEBASTIEN ET LE SHIT

Elle abuse ma mère ! Tu te rends compte qu'elle me pourrit mon mercredi après-midi pour me traîner chez ce psy que lui a conseillé sa dingue de copine, parce qu'il est soi-disant spécialiste des ados et des addictions ! Je suis pas un ado merde, et j'ai pas d'addiction !

Elle comprend pas que j'ai changé et qu'elle au contraire, depuis le départ de mon père, n'a plus de vie à elle et me colle trop. J'ai mes copains, mes meufs, mes teufs : d'accord on picole un peu trop, mais juste une fois par semaine, place Saint Pierre pour se casser la tête, manière d'oublier ce monde flippant. J'ai des potes étudiants en première année de Fac qui sont à Saint Pierre trois soirs par semaine ! Trop cool la Fac ! Mais pour ça je dois avoir le Bac, et c'est pas gagné...

Et puis il y a aussi les joints depuis la fin du Collège. Au début on en faisait tourner un pendant les soirées pour planer et rigoler, mais au Lycée c'est devenu tous les jours pour arriver à supporter les cours : un à chaque récré, et maintenant un le matin avant de démarrer, pour tenir le coup. A la maison je fais gaffe parce que ma mère repère l'odeur : elle dit que non mais je pense qu'elle a dû fumer pas mal elle aussi pendant sa période baba cool...

Chez mon père, un WE sur deux, j'ai une paix royale. Faut dire que le soir il sirote sa bouteille de whisky devant son film, et il me laisse amener ma copine pour la nuit : le pied ! ça c'est du bon WE ! Quoique en ce moment c'est Vanessa (depuis trois semaines) et elle est un peu chiante avec le shit et avec l'alcool : elle dit que ça me rend irritable et agressif et même un peu mou sexuellement... Putain ! qu'est-ce qu'il lui faut ? elle est pas à plaindre pourtant : j'assure !

Avec les copains aussi ça va : ils m'aiment bien parce que je connais du monde, que je sais me faire respecter par ceux qui viennent des cités nord pour m'approvisionner (j'ai même pas à me déplacer : j'appelle, ils sont là, me fournissent le matos, je le revends, j'en garde un peu pour moi et mes meilleurs potes). J'ai même plus d'argent à demander à ma mère, comme ça je lui fais croire que j'ai arrêté de fumer. Sinon elle arrêtait pas de flipper comme quoi en France c'est illégal et que j'allais finir en prison ! Il faut arrêter avec ça : en France tout le monde fume, même les flics !

Bon ça y est, ma mère a arrêté de se plaindre et de s'inquiéter devant le psy, et là bien sûr elle s'est mise à chialer pour bien me faire comprendre que je suis un monstre qui glande toute la journée, qui ne pense qu'à sortir et à prendre du bon temps, qui a laissé tomber le Lycée et le Bac et qui ne la respecte pas : sous-entendu, tu en profites parce que tu es seul avec moi et qu'il n'y a pas d'homme à la maison. Je connais.

Voyons qu'est-ce qu'il va trouver à me dire le psy : il va me la jouer adulte, papa, flic, toubib, complice ou copain ? Y a pas trop le choix.

Il veut d'abord que je lui donne mon point de vue. OK.

« *Vous savez monsieur, pardon Docteur, ma mère est trop anxieuse à mon sujet. C'est vrai que j'ai un peu glandé en troisième et seconde, mais là pour le Bac je me suis bien calmé, je sors que le WE, j'ai presque la moyenne partout sauf en maths et physique, je ne touche plus au shit, d'ailleurs ma copine ne fume pas et est contre. Je vous l'accorde je bois encore un peu trop le vendredi soir, mais j'ai jamais fait de coma éthylique.* »

Il a pas l'air d'en croire un mot.

Il me met en garde contre la destruction de mon capital neuronal par l'alcool à forte dose (le binge drinking) et le cannabis qui d'après les psychiatres est beaucoup plus dangereux qu'on ne le croit : peut déclencher des bouffées délirantes et en tout cas à long terme installe un syndrome amotivationnel. OK c'est ce que nous avait dit ce type au Lycée qu'avait invité la prof de bio. Rien de neuf.

Si je veux en reparler je peux revenir seul. OK.

C'est tout ?

Purée, c'est cool : si jamais il m'avait demandé de pisser dans un flacon j'étais mort...

JOSE LE SOLITAIRE

« *Bonjour Docteur, je ne sais pas si vous vous souvenez de moi, mais on s'était croisés il y a quelques années à l'annexe de l'Hôpital ; à l'époque j'essayais d'arrêter l'héroïne ; les toubibs du Centre m'avaient mis sous 60 mg de Méthadone, puis au bout d'un moment, comme j'étais souvent en retard ou absent aux rendez-vous, et que j'évitais les entretiens avec la psychologue, l'assistante sociale et l'infirmière, ils m'ont refilé à un Généraliste.*

Enfin, bref, c'est du passé : j'ai arrêté l'héro et la métha depuis un bon moment, mais je me suis souvenu de vous parce qu'en ce moment j'ai un nouveau problème.

Je ne bois presque plus de bière, mais je me suis mis à la cocaïne, juste quand je suis tout seul le soir et que ma libido me travaille. Là je fais ma provision de films pornos, je fais ma provision de coke, et je m'installe à poil devant mon écran, et toute la nuit je me masturbe, de plus en plus fort, de plus en plus violemment : l'autre jour c'est allé jusqu'au sang, j'ai été obligé de me soigner tout seul ; vous auriez vu le chantier ! je pouvais quand même pas aller aux Urgences dans cet état leur expliquer tout ça !

Je comprends pas ce qui m'arrive : autrefois quand j'avais envie je trouvais toujours une meuf, connue ou de rencontre, et je m'éclatais tranquille, enfin je veux dire on s'éclatait tous les deux, je me préoccupais aussi de la faire jouir, vous me comprenez, ça faisait aussi partie de mon plaisir.

Alors que maintenant, je m'en fous complètement d'avoir une meuf en chair et en os dans mon lit : tout ce qui m'intéresse c'est mon orgasme à moi, à répétition, et ça je ne peux l'avoir qu'en regardant les films pornos les plus hards avec sodomies, fellations, zoophilie, plusieurs mecs se faisant une meuf par tous ses orifices... Et si je veux être excité toute la nuit il faut que je carbure à la coke.

Au matin, quand je suis vidé, je m'effondre, et au réveil je vous dis pas la descente : déprime maximale, je suis au fond du trou.

Je viens vous voir pour que vous m'aidiez à arrêter tout ça. J'en peux plus ! Je comprends pas ce qui m'arrive : je suis en train de devenir pervers ou quoi, tordu ou complètement fou ?

Je n'ai osé en parler à personne, surtout pas à ma copine actuelle : je suis obligé souvent de lui inventer des excuses bidon pour passer la nuit tout seul dans mon appart ; je peux quand même pas lui dire que c'est pour me masturber comme un malade sous cocaïne et en regardant des films pornos ! Elle pourrait pas comprendre, surtout qu'elle trouve que sexuellement nous deux ça marche super bien ! »

Le toubib me laisse parler pendant une bonne demi-heure.

Ah ! ça y est, il se décide quand même à me répondre ; il était temps !

« On va tenter de trouver une explication à ce qui vous arrive, José ; vous allez peut-être hurler en me disant que c'est débile comme truc et que je n'ai rien compris, mais je vous le dis quand même parce que pour le moment c'est la seule hypothèse qui me paraît cohérente.

Avant la cocaïne votre sexualité comportait sûrement déjà des dimensions agressives, sadiques ou violentes, comme la plupart des sexualités dites normales. Mais avec votre partenaire vous arriviez à les atténuer, à les modérer pour qu'elle considère que ça faisait partie du jeu normal, du piment et de l'excitation. Une fois ou deux elle a dû quand même protester parce que vous aviez attaché ses poignets trop serrés ou que vous la sodomisiez trop brutalement. Je me trompe ?

En gros avec vos partenaires, vous étiez quand même un peu frustré, mais la pulsion sadique restait partiellement satisfaite et contrôlable.

Par contre, dès que vous vous êtes mis à la cocaïne, cette pulsion s'est libérée et déchaînée, elle est allée à l'extrême de la violence, et comme vous ne pouviez quand même pas infliger cette violence à votre copine, vous l'avez retournée contre vous, avec cette masturbation compulsive et douloureuse qui infligeait une punition à votre propre sexe.»

Holà ! Il me dit quoi là ? que je suis devenu un fou de sexe ? un dangereux psychopathe ? un pervers sadique? ou un serial killer tant que tu y es ! vas-y !

Moi je voulais juste qu'il me file quelque chose pour calmer mes crises de masturbation ! Il doit bien y avoir une molécule pour calmer l'incendie ! ils ont bien inventé des molécules qui te font bander et qui te boostent l'envie! pourquoi pas l'inverse ?

Non, en fait je crois que je m'étais trompé à son sujet : je suis tombé sur un vieux freudien comme j'en ai déjà rencontré des centaines depuis l'époque où j'étais en foyer ou en famille d'accueil et où ils m'envoyaient chez le pédopsy dès que je devenais ingérable. A tous les coups il va m'embrouiller la tête avec le destin des pulsions, le stade anal, le sadisme et le masochisme, l'homosexualité latente, la peur et la haine de la femme, et tutti quanti.

Tant pis : si j'ai pas d'ordonnance, je reviendrai pas.

Allez Ciao !

Non mais je rêve ! maintenant la secrétaire qui veut me faire payer 43 € 70 centimes pour avoir entendu ces sornettes !

« Je suis à 100 % et à la CMU ! Je paie jamais chez les toubibs ! OK ? »

Non mais elle me prend pour qui celle-là ?

VANESSA ET LES TATTOOS

« Docteur, je viens vous voir parce que j'ai des moments de violence terrible que je gère pour le moment en restant chez moi sans répondre à personne, mais je sais que ce n'est pas une solution efficace à long terme : ça peut péter à tout moment, contre un client, contre un collègue de travail, contre mon directeur d'agence, contre ma mère ou ma soeur, contre mon compagnon.

Ça m'a joué des tours plusieurs fois : je me suis fait virer de plusieurs écoles, de plusieurs jobs, toutes mes relations «amoureuses» se sont terminées par des crises terribles avec hurlements et pétages de plombs.

Le problème c'est que je ne vois absolument pas d'où peut venir cette violence : j'ai vu plusieurs psys, femmes, hommes, ils ont tous cherché du côté de l'enfance, des maltraitances, des abus, mais ils s'y sont cassé les dents ; rien à signaler de ce côté, j'ai eu une enfance tout ce qu'il y a de plus normale ; à les entendre je devrais être une fille gentille,souriante, polie, normale, épanouie, la ménagère idéale charmante avec tout le monde.

Au lieu de ça, je ne suis attirée que par les bad boys et, ça vous l'avez déjà vu, j'ai tout l'attirail de la bad girl: vêtements noirs, Dock Martens, crâne rasé, piercings, pantalons troués... Pourtant je ne suis pas mauvaise...

Et puis surtout, il y a tout ce que vous ne voyez pas aujourd'hui : je me fais tatouer depuis plusieurs mois, progressivement tout le corps (le dos, les épaules, les hanches, les jambes, les bras et le cou en dernier parce que là ça va se voir et je ne suis pas encore prête).

Ça vous paraît important les tattoos pour comprendre quelqu'un ?

— Les tatouages en effet ont été très souvent étudiés très sérieusement par les psychanalystes. Plusieurs pistes d'interprétation ont été proposées et suivies, mais aucune ne m'a paru jusqu'ici entièrement satisfaisante. Je vous en livre quelques unes ; vous y réfléchirez et nous en reparlerons.

D'abord le tatouage est une marque sur la peau, indélébile : mon oncle par exemple avait un numéro qui avait été tatoué sur sa peau lors de son arrivée au camp de Buchenwald ; il ne l'exhibait pas mais ne le cachait pas non plus. Il était la trace de son histoire et de l'ignominie à laquelle il avait miraculeusement réchappé.

Dans d'autres cas le tatouage est une décoration, esthétique, agréable à regarder, qui ajoute un plus au charme naturel d'une épaule ou d'une chute de reins.

En allant plus loin c'est un plus excitant ; chez la femme il est souvent placé en des endroits que seul son amant peut découvrir ; il indique même la direction et la marche à suivre lorsqu'il est situé dans le creux des reins ou juste au-dessus du coccyx ; il est déjà en plus comme la première récompense accordée à celui qui a été admis dans le territoire le plus intime : signe d'appel, excitant, et décupleur de jouissance.

Ensuite il y a bien sûr les images elles-mêmes et leur signification symbolique avec une multitude de dimensions.

Gentilles : fleurs, lianes, oiseaux, chevaux, mots d'amour, déclarations définitives, maximes philosophiques... Tout ceci exprime le Surmoi ou l' Idéal du Moi.

Inquiétantes : crânes de morts, tibias, serpents, dragons, loups aux dents menaçantes, poignards, larmes de sang... Tout ceci exprime le Ça et ses pulsions inavouables.

Ce qui est important aussi c'est à quel âge l'envie de se faire tatouer est apparue, dans quelles circonstances, contre qui ou pour qui... »

Là je crois qu'il n'y est pas du tout, et que toutes les interprétations des psychanalystes ne vont pas m'aider à résoudre mon problème. Pour moi le tatouage c'est pas ça du tout !

J'ai une envie irrépressible de me faire tatouer quand je suis sous haute pression, au bord de l'explosion : là je m'allonge, je me livre aux mains et à l'aiguille de mon tatoueur, et j'attends la première brûlure, la trajectoire fulgurante de la douleur, je suis son avancée sous ma peau, je me la représente mentalement, et tout de suite je vais mieux : je suis concentrée là-dessus, je ne peux plus penser à autre chose, et comme par enchantement, tous les soucis qui me pourrissaient la tête s'évanouissent et s'effacent. C'est une super thérapie. Il n'y a que ça qui marche avec moi. J'ai essayé le yoga, la relaxation, la sophrologie, la méditation, le cri primal, le rebirth, rien du tout : ça me glisse dessus comme la pluie sur les plumes d'un canard.

Avec le tattoo j'ai trouvé ma voie !

Après, pour tout ce qui est dessin sur la peau et tout ça, il est loin du compte. Moi le tatouage, une fois fini, me cache et me protège : on ne voit que lui ; comme ça on ne me voit pas, moi. Je n'aime pas mon corps ; d'ailleurs les hommes ne sont attirés que par mon cul ; je le leur offre et c'est tout. Mais tout le reste : mes yeux, ma bouche, mes seins, mes jambes, mes épaules, tout ça j'aime pas ; je me trouve trop petite, trop maigre, j'ai rien d'une vraie femme au sens où ils l'entendent eux ; alors je me dissimule derrière mes tatouages : ils n'expriment surtout pas ce que je suis, mais l'inverse ou n'importe quoi d'autre ; ils font juste diversion.

Avant qu'il comprenne tout ça, lui, c'est pas gagné !

Comment il pourrait comprendre d'ailleurs un truc qui lui est complètement étranger, lui qui n'a même pas une boucle d'oreille ?

CHANSONS

LUIS, LE CHANTEUR DE MEXICO

Papa a voulu à tout prix que je revienne voir le Docteur : il dit que depuis que je n'ai plus de médicaments, ni Dépakote ni Abilify, je recommence à monter, à m'exciter, à sortir le soir et surtout à chanter dans la rue.

Ça il aime pas du tout quand je recommence à chanter devant les terrasses des bistrots : dès que je mets mon béret basque, le rouge surtout, il s'inquiète, il me dit qu'il va encore devoir aller me récupérer au Commissariat ou aux Urgences, et qu'il est devenu trop vieux pour ça :87 ans le pauvre, c'est vrai qu'il se fait vieux !

Mais moi je comprends pas pourquoi ils font tout ce foin : je ne fais de mal à personne, en plus les gens m'applaudissent, j'ai une belle voix de baryton léger, je connais par coeur tous les airs d'opérette, surtout ceux de Luis Mariano.

Ma mère avait de la prémonition : elle adorait Luis Mariano, c'est pour ça qu'elle a choisi ce prénom pour moi, et non pas Louis qui était le prénom de mon grand-père... Je me souviens qu'une fois elle m'avait amené au Pays Basque, au cimetière d' Arcangues pour voir la tombe de Luis, et là elle avait prié en pleurant ; et je lui avais promis d'apprendre le chant pour lui chanter toutes les opérettes de Luis.

Et je l'ai fait !

« Mexico, Mexiiiiiiiicoo,
sous ton soleil qui chante iiiiiiii,
tu resteras toujours
le paradis des coeurs et de l'amour ...»

Mais je ne fais pas que chanter : j'ai aussi la pétanque avec les copains. Je suis un assez bon pointeur mais surtout un très bon tireur, je peux faire un carreau à 20 mètres. On est même allés une fois au championnat de France à Marseille : c'était phénoménal ! y a que les Corses qui aient réussi à nous battre en quart de finale ! Mais les Corses c'est des pros de la pétanque ! C'est pas pareil ! Chez eux c'est un vrai métier ! Tu peux pas rivaliser !

Sinon il y a les femmes. J'ai souvent des copines, toujours plus âgées que moi, je préfère ; je passe deux ou trois jours chez elles chaque semaine : elles me font à manger, on va au cinéma ou en ballade, et puis elles sont contentes parce qu'au lit j'assure bien, longtemps et surtout plusieurs fois dans la nuit, j'ai même pas besoin de Cialis, en pleine forme je suis ! surtout quand je suis en phase maniaque : là j'arrête pas !

« On prétend que les Norvégiennes
filles du Nord ont le sang chaud
et bien que les Américaines
soient les souveraines
du Monde Nouveau
on ouublie touuuuut
sous le soleil de Mexico
on devient fouuuu
au son des rythmes tropicaux.
Mexico, Mexiiiiiiiiicoo,
sous ton soleil qui chante iiiiiiiii,
le temps paraît trop court
pour goûter au bonheur
de chaque jour.
Mexico, Mexiiiiiiiiicoo,
tes femmes sont ardentes iiiiiiiiii
et tu seras toujours
le paradis des coeurs

et de l'amour. »

Sinon il y a le foot : j'aime bien le Téfécé bien sûr, mais ils me déçoivent souvent, alors je supporte aussi le Péèssegé, l'Oèmeuuh et l'Oèleuuh, mais j'aime surtout Guingamp et les petites équipes, eux c'est presque des amateurs : sinon après, le pognon pourrit tout...

Bon, me voilà dans la salle d'attente : je vais quand même continuer à fredonner un peu, mezza voce, une chanson basque que j'adore, juste pour la demoiselle d'en face qui est bien mignonne :

*« Il est un coin de France
où le bonheur fleurit
où l'on connaît d'avance
les joies du paradis.
Et quand on a la chance
d'être de ce pays
on est comme en vacances
durant toute sa vie.
Aïlé toun chiquitoun
aïlé toun laïlé
Aïlé toun chiquitoun
aïlé toun laïlé
Olé ! »*

La jeune fille a l'air d'apprécier... la secrétaire moins: elle me fait les gros yeux... Bon OK, je la mets en veilleuse, mais en sortant tout à l'heure je fais le tour des terrasses de Jeanne d'Arc, de Victor Hugo et de Wilson : il fait soleil, c'est plein de touristes, c'est blindé ! Je vais leur chanter tout mon répertoire !

Elle est pas belle la vie ?

SONIA : ETOILE DES NEIGES

Mon nouveau docteur je l'adore ; il a tout de suite compris que quand les infirmiers du CMP l'appellent c'est qu'il faut me faire hospitaliser en urgence. Ce que j'aime pas c'est passer d'abord par les Urgences de l'Hôpital et y rester toute une nuit avant qu'on me trouve une place en Clinique ! Des fois y a même pas de box avec un rideau : je reste dans un couloir sur un brancard toute la nuit ! Tu imagines ? Avec tous ces alcoolos et ces fous qui hurlent contre tout le monde ! Je refuse tous les médicaments qu'ils veulent me refiler: tu vois pas que je m'endorme dans le couloir et qu'ils me dépouillent, ou pire ? Avant ça n'arrivait jamais : on me trouvait toujours une place en clinique, tranquille. Maintenant c'est le bordel : je comprends pas d'où ils sortent tous ces patients qui me piquent ma place.

C'est pourtant pas compliqué : je vais mal une fois par an, quand la semaine sainte arrive ; je peux pas rester chez moi du jeudi saint au dimanche de Pâques. C'est tout. Pourtant je suis pas catholique, mais savoir que le Christ a été torturé et cloué sur une croix par les Romains, ça, ça me tue : je supporte pas !

Le Docteur il le sait ça, et il essaie toujours de me réserver une place pour cette semaine là.

Après, le reste du temps je vais bien : je fais attention d'avoir toujours tous mes médicaments, les infirmiers du CMP viennent me rendre visite, je leur raconte mes angoisses, surtout quand j'entends la nuit ce voisin de l'immeuble d'à côté qui vient me trifouiller la serrure. Je le connais bien : il me suit à chaque déménagement ; c'est une vieille connaissance : je l'avais connu à Marseille quand j'étais toute jeunette. C'était la belle vie à l'époque. J'avais un petit studio dans Le Panier, je travaillais un peu en descendant la nuit vers le Vieux Port. Par contre je n'allais jamais vers les Arnavaux, là ça craignait. J'évitais aussi les Maisons où on t'enfermait toute la journée pour de l'abattage, et les candidats avec les costards rayés et les gourmettes en or qui te proposaient de te protéger. Une seule fois j'ai craqué pour un rital magnifique, grand, sec et bronzé, la classe ! J'étais tellement accro de lui qu'il m'a finalement fait goûter à l'héro et que je suis restée trois mois sans rien plus faire d'autre : héro et passes ! C'était une bonne leçon : je me suis promis de plus jamais toucher à ce truc là.

Sinon je me suis toujours débrouillée toute seule et personne m'a vraiment emmerdée : ils savaient que j'avais mon cran d'arrêt toujours sur moi, et que je savais m'en servir. J' ai dû en planter un une seule fois près de la Préfecture et ça a suffi : tous les autres ont été au courant. Les nouvelles vont vite à Marseille.

Quand je n'angoisse plus et que je vais bien, j'adore rigoler et surtout chanter, ça c'est mon truc.

Il y a les chansons que je connais par coeur et que je peux chanter pendant des heures : les chansons d'Edith Piaf, ma préférée, celles que me chantait ma mère quand elle avait dessaoulé ; et puis toutes les chansons paillardes que j'apprenais avec les copains puis avec les marins du Vieux-Port.

Et puis petit à petit je me suis mise à en inventer, à trouver de nouvelles paroles sur des airs anciens : et ça, ça faisait beaucoup rire les copains.

Chaque fois que je suis hospitalisée à la clinique, dès que je vais mieux j'en invente une nouvelle, avec des paroles de circonstance. Des fois on me fait remarquer que les paroles sont un peu trop «*grivoises*» comme ils disent, mais moi c'est surtout ces trucs de cul qui me font rire : je vais pas non plus me gêner ! Là où il y a de la gêne, y a pas de plaisir !

La dernière fois on avait vu le film «*Les bronzés font du ski*» : j'adore ce film, je l'ai vu 11 fois !

Alors je leur ai inventé des paroles pour « *Etoile des neiges* » :

> *« Etoile des neiges*
> *prends-moi si tu veux*
> *sur le télésiège*
> *ou dans les oeufs.*
> *Ce soir au refuge*
> *après la fondue*
> *on sera tranquilles*
> *pour notre plan cul.*
> *Tes mains sur mes fesses*
> *les yeux dans les yeux*
> *toute la nuit*
> *on dansera*
> *devant le feu. »*

J'adore la neige, je sais pas pourquoi : j'y suis jamais allée, ni au ski d'ailleurs.

J'aime aussi cette chanson des Chevaliers du Fiel dans leur sketch *«Magalie de Piau Engaly»* qui parle elle aussi de la montagne et du ski :

«Montagne, montagne,
toute la montagne m'est passée dessus.
Le tunnel du Somport...»

Celle-là elle est rude ! surtout à la fin !

Les Chevaliers du Fiel, je les adore. Quand je les croise le matin au marché du Cristal, rien que de les voir, je suis pétée de rire !

Mais peut-être que j'ai quand même un problème avec la neige et le ski, après tout : il faudra que je lui en parle.

NEVROSES
PETITES
ET GRANDES

ODETTE ET LA NOURRITURE

« *Docteur, je suis envoyée par la psychiatre qui me suit à l'Hôpital de Jour. Je participe là-bas à de nombreuses activités depuis que j'ai pris ma retraite : théâtre, poésie, lecture, peinture, groupe de paroles... Mais elle a du mal avec moi : elle m'a avoué l'autre jour que j'étais pour elle un mystère, lisse et impénétrable, et que tout semblait glisser sur moi comme l'eau sur les plumes d'un canard... En fait ce qui l'inquiète le plus c'est qu'elle trouve que je ne mange presque plus, que je suis très angoissée par ma prise de poids, que je me mets en danger en dessous de 30 kg. Elle pense donc que j'ai besoin d'une prise en charge psycho-thérapeutique individuelle en dehors de l'institution. Alors je suis venue pour la rassurer surtout et puis pour avoir un deuxième avis.* »

En fait c'est elle qui est obsédée par le poids : à chaque entretien elle commence par noter mon poids de la semaine sur sa petite fiche où elle fait des courbes ; puis elle essaie de savoir ce que je mange le soir chez moi, si je fais les courses et la cuisine tous les jours, si je mange avec mon mari ou toute seule dans la cuisine. Elle m'a carrément parlé d'anorexie mentale en me disant que l'on devait considérer cela comme une forme d'addiction à la sensation de faim ! L'addiction je connais bien : mon mari a dilapidé toutes nos économies en jouant aux courses ; j'ai failli le quitter à cette époque-là... En fait la vraie raison c'est qu'il voulait sans arrêt avoir des relations sexuelles avec moi, et que ça me dégoûtait : il me pénétrait brutalement, sans délicatesse, éjaculait en moi vite fait et s'endormait en ronflant et grognant comme un animal; j'avais l'impression d'être juste un pot de chambre !

Enfin c'est fini tout ça : depuis que nous sommes tous les deux à la retraite il me laisse tranquille ; je crois qu'il va sur Internet ou même au bord du canal voir les professionnelles. Je préfère.

Moi ce que j'aime ce sont les activités culturelles, la lecture de romans, les concerts de musique classique, les expositions de peinture, les entretiens avec les auteurs, les conférences de spécialistes, le théâtre et parfois le cinéma, mais rarement, parce que la plupart des films se croient obligés d'exhiber les corps et la sexualité. Ça me hérisse. Pourtant je suis laïque et athée, mais toute cette chair étalée au grand jour c'est d'un vulgaire !

Déjà au Lycée et à la Fac j'étais une fille un peu à part, j'avais choisi Lettres Classiques parce que là au moins c'était le centre de la culture, il y avait plein de filles qui avaient un peu les mêmes goûts que moi, et les quelques garçons qui étaient là étaient plutôt timides et réservés, rien à voir avec les joueurs de rugby fêtards, vulgaires, incultes et alcooliques qu'on croisait dans les autres Facs. Je n'aime pas les grosses brutes, et de façon générale je n'aime pas les gens gros, les rondeurs, les masses de muscles ou de graisse flasque, les poils, la lourdeur : j'aime la légèreté et la grâce, celle des danseuses classiques et des gymnastes. C'est plus proche de l'esprit.

Au Collège aussi : en enseignant le latin et le grec j'ai réussi à avoir des petits groupes d'élèves intelligents, cultivés, polis, gentils, des filles surtout ; mais dans la cour de récréation et à la sortie c'était l'horreur : que des voyous qui tenaient le haut du pavé assis sur leur scooter, le joint vissé aux lèvres, qui dévisageaient tout le monde d'un air supérieur et narquois, qui interpellaient les filles avec leur langage cru et direct, allant du « charmante ! » au « tu es bonne ! » puis sans transition au «pétasse !» ou «sale pute !» ; l'argot machiste dans toute sa splendeur ; quelle régression ! Blancs, beurs, blacks ou asiates, c'est tout pareil : les petits machos sont là, certains qu'il leur incombe de faire régner leur loi ! On se croirait revenus aux moments les plus sombres du Moyen-Age ! Pauvres filles ! je les plains d'avoir à subir toutes ces humiliations dès l'âge de 12 ans. Certaines n'arrivent à survivre qu'en devenant aussi agressives et vulgaires qu'eux ! D'autres rasent les murs ou se dissimulent derrière leur foulard : quelle honte ! Et nous les profs on est tous terrorisés, on ferme les yeux, on rase les murs nous aussi et on les laisse faire...

Pour la nourriture on m'a harcelée très tôt : mon père et ma mère, dès que j'ai eu mes premières règles, m'ont fait la guerre pour que je mange comme eux à table, ont surveillé mon poids et mes formes, à croire qu'il n'y avait que ça qui comptait pour eux. Heureusement que la lecture des classiques me coupait d'eux et me permettait de me réfugier dans mon monde.

« Docteur, je dois vous faire un aveu, en ce moment j'ai très peur de recommencer à prendre du poids. Tout le monde m'y pousse, mais dès les premiers grammes, j'angoisse parce que je crains de ne pas pouvoir m'arrêter, de perdre le contrôle et de me mettre à me remplir, à baffrer comme tous ces

gens que je vois à la télévision et qui sont accros à la nourriture. Le monde entier devient obèse. C'est le mal du siècle. J'aurais envie d'écrire un éloge de la minceur.

— C'est très bien tout ça Odette, mais ici vous n'êtes pas obligée de ne me parler que de poids et de nourriture. Vous pouvez me parler de tout ce qui vous préoccupe ou vous gêne dans votre vie personnelle. »

Ça y est. Nous y sommes. Celle-là je l'attendais. Il y a toujours un moment où les psys t'orientent plus ou moins discrètement vers la sexualité. Et ça n'a pas raté. Mais enfin, quel rapport entre la peur de l'obésité, la nourriture et…

« Vous voulez dire la sexualité ? J'attendais cette question, Docteur. Sachez que j'ai fini par accepter de me marier, pour rassurer ma mère, mais j'ai toujours refusé d'avoir des enfants : la grossesse et l'accouchement c'était trop brutal et archaïque pour moi. Heureusement mon mari n'y tenait pas plus que ça. Et puis maintenant que nous sommes à la retraite, la sexualité ne me pose plus aucun problème. »

RAYMOND ET LES NOMBRES

Mon médecin généraliste m'a pris un rendez-vous chez son copain psychiatre parce qu'il en avait marre de moi. Il me l'a dit franchement : «Raymond, on se connaît depuis des années, on passe même des WE ensemble en famille. Mais là je n'en peux plus.» C'est vrai que je suis dans son cabinet tous les trois jours, que j'ai toujours quelque chose qui cloche, que je lui demande sans arrêt des scanners et des IRM, alors il a fini par me dire que j'étais sûrement hypocondriaque et que je devais voir un psy. J'ai pas dit non.

Le seul problème c'est que ce psy a son cabinet rue d'Alsace-Lorraine et qu'ils ont fini de refaire toute la rue : alors maintenant c'est du dallage en pierre grise, très classe, sauf que moi dès qu'il y a du dallage par terre je dois poser le pied sur un carreau sur deux, je dois en sauter un à chaque fois, sinon c'est pas possible et il faut que je recommence tout. Et puis je ne peux pas marcher sur le bord du trottoir non plus, il faut que je rase les murs et les vitrines, sinon c'est pas possible.

Bon, enfin, j'y suis arrivé et me voilà dans sa salle d'attente. C'est pas mal, sauf qu'elle est arrondie et que pour compter les carreaux sur le sol c'est pas facile, parce que le moindre petit carreau découpé en biais doit être comptabilisé, en plus il y a des recoins où je n'arrive pas à voir très bien à cause des chaises, de la table basse et des pieds des patients : il faudra que je revienne quand il y aura moins de monde parce que là je n'ai qu'un nombre approximatif, et ça c'est pas possible. Bon maintenant les vitres aux fenêtres : ça c'est facile, elles sont peu nombreuses, il y en a juste deux grandes et deux petites par fenêtre, mais attention c'est sûrement du double vitrage : ça c'est le piège, il faut pas se laisser avoir. Donc 4 fenêtres x 4 x 2 = 32. OK.

Après dans le couloir ça va mieux : c'est du parquet de chêne recouvert d'un long tapis, mais j'ai pu compter le nombre de lames à l'entrée et après c'est pareil tout du long : 10. Parfait.

« *Bonjour Monsieur, je vous en prie, installez-vous.* »

Bon maintenant son cabinet. Là c'est plus compliqué parce qu'il y a des tableaux sur tous les murs, même derrière mon dos il me semble. Des statuettes sur la cheminée, OK, deux noires, une chinoise, deux indiennes, ça fait cinq, OK.

« Votre généraliste vous a adressé à moi parce qu'il trouve que vous êtes en ce moment très préoccupé par votre état de santé. Pouvez-vous m'expliquer un peu ce qui vous préoccupe ? »

Bon maintenant son bureau. Difficile aussi : un vase chinois écrit de partout, comment je fais moi pour compter les pictogrammes qui sont derrière ? et tous les stylos qui sont mélangés en vrac dedans, combien de bleus, de noirs, de verts, de rouges ?

Je vais pas y arriver, sans compter qu'il arrête pas de me parler et de me poser des questions sur mon corps et sur les organes dont je me plains, et sur mes sensations corporelles le jour, la nuit. Non, là c'est trop : je vais pas pouvoir gérer tout ça en même temps.

D'abord qu'est-ce qu'il a à me bassiner avec mon corps et mes organes ? Il est pas généraliste, que je sache.

Ouf ! il se redresse dans son fauteuil : il a l'air d'en avoir assez appris sur moi pour aujourd'hui.

« Je vais vous prescrire un antidépresseur pour calmer cette anxiété qui s'est fixée sur le corps et les maladies, et nous allons nous revoir pour faire le point la semaine prochaine. »

Il se lève et me raccompagne à la porte.

Oh purée ! il y avait un divan derrière moi et je l'avais pas vu ! recouvert d'un tissu chinois en plus, avec plein de carreaux et des pictogrammes différents dans chacun ! Là j'ai vraiment pas le temps de tout compter : il faudra que je m'arrange la prochaine fois pour regarder ce divan en douce pendant qu'il me parle, sinon ça va pas être possible.

Je peux quand même pas lui demander de m'allonger sur le divan : ça doit être prévu juste pour les cas graves.

TABLE